92세
아버지의

행복
심리학

92세
아버지의

행복
심리학

이숙영 지음

심리학자의
시선으로 바라본
아버지의 유쾌한
일_상_철_학

한겨레출판

아버지의 별명은 간디

나의 아버지는 올해 92세로, 노년기의 끝 무렵이라 할 수 있는 90대를 살고 있다. 80대와는 또다른 90대의 삶이 요구하는 질병, 이별과 같은 과제와 도전에 맞서며 가족들 중에서 가장 바쁘고 유쾌한 일상을 살아가고 있다. 40대에 찾아온 뇌출혈로 생사의 고비를 넘기고 반평생 동안 투병 생활을 한 아버지가 아흔을 넘어서까지 건강하게 살리라고는 아버지 자신을 비롯하여 아무도 생각하지 못했다. 기적이란 생각이 들기도 하지만 아버지가 한결같이 살아온 모습들을 생각해보면 당연한 결과이기도 하다.

내가 지은 아버지의 별명은 '간디'이다. 영국 제국주

의에 맞서 평생 인도의 독립운동을 주도한 사회운동가 마하트마 간디와 평생토록 마른 체구였던 점을 제외하고(아버지는 젊었을 때 통통한 스타일이었음) 몇 가지 점에서 닮았기 때문이다. 물론 간디는 인도의 독립을 위해 무저항과 평화주의로 맞섰고 개인적인 삶에서 금욕주의를 철저히 실천했다는 점에서 차원이 다르긴 하지만 말이다. 간디가 무저항과 평화, 금욕을 독립운동의 무기로 삼은 것과 달리 아버지는 간디의 정신을 '살아가는 기술'로 삼았다. 젊은 시절의 실패와 좌절, 다사다난한 가족의 역사, 노년기의 질병과 노화 등 인생에 주어진 다양한 도전들을 묵묵히 받아들이고 견뎌내며 긍정적인 태도와 절제를 놓치지 않았기에 90대까지 건강하고 유연한 삶을 이어오지 않았나 싶다.

'삶의 기술'이란, 매일매일의 과제와 도전을 효과적으로 잘 감당하기 위한 심리사회적 능력을 의미한다. 일상을 잘 살기 위해서는 크고 작은 문제를 해결하면서 좋은 결정을 내리고, 사람들과 관계를 맺고 갈등을 풀어가며 자신의 생각과 감정을 조절하고, 스트레스에 대처하는 기술이 필요하다. 심리학에서는 이러한 삶의 기술을 배우고 익히는 것이 인생의 과정이요, 문제를 해결하는

92세 아버지의 행복 심리학

방법이며 건강하고 행복한 삶을 위해 꼭 필요하다고 설명한다. 심리학자마다 어떠한 삶의 기술을 강조하는가에 차이가 있지만 공통적으로는 자신을 이해하고 받아들이는 것, 감정과 생각을 다스릴 줄 아는 것, 자신만의 가치와 인생관을 가지는 것 다른 사람들과 어울려 사는 것 등이 있다. 일례로 유니세프UNICEF에서는 삶의 기술을 정보를 분석하고 사용하는 사고능력, 자신을 개발하고 감당할 수 있는 능력, 다른 사람과 소통하고 함께하는 대인관계능력으로 나누고 있다.

그런데 삶의 기술들은 누가 가르쳐주는 것이 아니다. 삶을 살아내는 과정 속에서 수많은 시행착오를 거치며 깨닫고 개발하게 된다. 누구도 예외가 없다. 완벽주의가 건강과 행복에는 그리 도움이 되지 않는다는 것, 자기연민에 깊게 빠지면 쉽게 일어나지 못한다는 것, 포기란 새로운 기회로 이어질 수도 있다는 것 등은 고민하고 방황하는 과정을 통해 힘겹게 얻게 되는 깨달음이다. 또한 머리로는 잘 알면서 실제로는 실천이 어려운 경우도 많다. 낙관주의나 긍정적인 태도가 좋다는 것은 누구나 잘 알지만 습관적으로 부정적인 생각에 빠지고 고집과 집착을 버리면 편해진다는 것을 알면서도 현실에선 내려놓지 못하고, 후회를 거듭하며 우울감에 젖기도 하며, 기분 나쁠 줄 뻔히 알면서도 다른 사람과 비교해 불필요한 열등감에 휩싸이기도 한다. 다른 이에게는 올바른 조언을 해주면서도 막상 자신과는 연결하지 못하기도 한다. 모든 일에 때가 있기에 기다림의 소중함을 말하지만 막상 조바심과 초조함으로 힘들 때가 있고, 마음의 여유를 말하지만 빡빡한 일상을 버리지 못하기도 한다.

아버지는 늙고 약해진 몸과 마음의 변화를 받아들이며 가족, 재정적 문제, 투병과 같은 힘든 일 앞에서 흔들리지 않고 자신의 생활철학을 꾸준히 지켜나갔다. 노년기의 삶을 유쾌하게 살아가는 아버지를 지켜보며 '아버지표 삶의 기술'을 발견하게 되었다. 그중 소소한 일상을 소중히 여기며 즐거움, 유쾌함, 따뜻함, 좋은 생각을 이끌어내는 아버지의 생활습관은 긍정심리학에서 강조하는 행복의 요소와 일치했다. 또한 자기이해, 과거의 극복, 변화에 대응, 관계 회복 등을 위해 생각의 변화와 마음 풀기를 강조하는 상담심리학의 개념과 방법도 아버지의 생활과 연결해볼 수 있었다. 심리학은 그 어떤 학문보다 삶과 연결되어 있다. 단순히 이해하는 수준을 넘어 살아가는 순간순간 기억하고 적용해야 그 진가를 발

　　　　　　　　　　92세 아버지의 행복 심리학

휘할 수 있다. 그런 의미에서 이 책에서는 주로 상담심리학, 발달심리학, 긍정심리학 교재와 외국 심리 관련 사이트('Psychology Today', 'WikiHow', 'PsyCentral', 'Zen Habits') 등을 비롯하여 행복과 건강을 주제로 한 글들을 참조하였다. 특히 리처드 템블러의 《삶의 원칙The Rules of Life》은 많은 영감을 주었다.

1부에서는 아버지의 일상을 통해 단순하게 사는 삶이 어떤 의미인지, 단순함에서 오는 불편함과 어떻게 친해질 수 있는지, 소소한 일상에서 묻어 나오는 평온과 힐링은 무엇인지 살펴본다. 2부에서는 '최고'보다 두 번째, 세 번째로 좋은 것이 더 좋다는 아버지의 생활철학을 중심으로, 포기가 갖는 긍정적인 부분과 자족의 의미에 대해 살펴본다. 3부에서는 화, 후회, 열등감 등과 같은 불편한 마음이 올라올 때 도움이 되는 방법과 생각들을 모았다. 지나친 자기 연민과 후회가 가져오는 문제들, 고집과 집착을 내려놓는 렛 고의 힘, 그리고 마음의 평온함을 유지하는 방법에 대해 살펴본다. 4부에서는 유쾌한 일상을 위해 민감보다 둔감을, 추억 쌓기의 효과, 혼자서도 잘 놀 수 있는 능력의 중요성에 대해 이야기하며, 품격 있는 삶의 요소들에 대해서도 살펴볼 것이다. 마지막으로 5부에서는 아버지의 인생철학과 주도적인 삶을 위한 역량 키우기, 어려움에서 올라오는 극복력에 대해서 살펴본다.

평범한 직장인과 가장을 거치면서 어느덧 아흔을 넘어 살아가는 아버지의 삶이 평범하고 소박하듯이, 삶의 방법과 지혜도 지극히 평범하고 단순하다는 것을 발견하였다. 그것들이 일상의 문제를 풀어내고 수많은 위기에서 자신의 삶을 지키고 이끌어가는 습관과 힘이 되기 위해서는 꾸준한 노력과 인내, 그리고 소신이 필요했을 것이다. 힘든 상황을 받아들여야 할 때, 걱정에 휩싸일 때, 외롭고 답답할 때, 도움이 필요할 때, 누군가와 갈등이 있을 때, 90대 할아버지가 헤쳐왔던 방법들이 인생의 후배에게 잔잔하지만 유쾌한 참고서가 되기를 기대한다.

1925년생 아버지는 내심 호랑이 담배 피우던 시절을 빼곡히 담아낸 자서전을 기대하셨을 것이다. 자서전 대신 이 글을 선물로 드린다. 아버지들을, 어머니들을 떠올리며 추억과 감사의 시간을 가져보길 바란다. 그들이 살아온 길이 있었기에 오늘의 우리가 있는 게 아닐까.

92세 아버지의 행복 심리학

4부

날카로움은 백해무익,

유쾌하게 사는 법

5부 어쨌든,
_____ 당신의 삶은 옳다

1부

힘들수록,

———

심플하게 산다

단순하게 살기

늙는다는 것은 여러모로 단순해지는 과정이다. 젊은 시절과 달리 살림이 간소해지고, 옷과 신발의 수가 줄어들고, 먹는 양이 줄어들고 만나는 사람과 갈 곳이 줄어드는 게 나이를 먹는다는 증거다. 젊게 살라는 말은 자연스러운 몸과 마음의 흐름에 어긋난 일이며 '늙은 사람은 늙은 사람답게' 살아갈 때 삶의 마지막 단계를 완성하는 아름다움이 있다. 늙은 사람답게 산다는 것의 힘과 매력은 '단순함'에서 비롯된다. 단순하게 산다는 것에는 많은 정의가 있다. 욕심 없이 사는 것, 적게 가지는 것, 서두르

92세 아버지의 행복 심리학

지 않고 느리게 사는 것, 한두 가지 일에 몰두해서 사는 것, 조용히 사는 것 등이다. 인터넷을 검색하다가 "단순함이란 삶을 축소시키는 것이 아니라 복잡한 삶에서 엑기스만을 증류 과정을 통해 걸러내는 것이다"라는 명쾌한 설명을 발견했다. 불필요한 것, 과다하게 많은 것을 증류 과정을 통해 걸러내어 중요한 본질만 가지고 사는 것이 단순한 삶이라면, 단순함은 늙음에만 필요한 것이 아니라 젊음에도 중요한 삶의 기술이 아닐까.

아버지의 일상을 지켜보면 마치 돌이 되지 않은 아기를 보는 것 같다. 자고 일어나 먹고 움직이다가 다시 먹고 놀다가 자는 순한 아기의 일상과 비슷하기 때문이다. 아버지의 24시간은 정확하게 돌아간다. 식사와 취미생활, 운동과 잠으로 이어지는 일정이 저녁까지 반복되며 하루가 완성된다. 단순한 일상이지만 아버지는 심심하거나 무력해 보이지 않는다. 오히려 각각의 활동에 몰두하면서 정신적으로 맑고 활기차 보인다. 잠을 잘 때는 푹 자고, 식사를 할 때는 맛있게 먹고, 운동을 할 때는 집중하기 때문에 모든 활동이 의미 있고 즐겁다.

우울증 환자들을 치료할 때 일상을 작은 단위로 쪼개 각각의 활동을 음미해 보라고 권한다. 먹을 때는 먹는 활동에 집중해서 최대한 맛을 느끼고, 산책할 때는 걷기 자체에서 즐거움을 느끼다 보면, 작은 즐거움이 쌓여 큰 즐거움과 긍정 에너지로 전이되는 것이다. 동시다발적으로 몇 가지 일을 한꺼번에 하다 보면 많은 일을 하는 것 같지만 각각의 일에서 느낄 수 있는 즐거움과 의미는 삭감되기 쉽다. 많은 사람들을 만족시키려다 보면 피곤과 공허가 몰려올 때가 있고, 지나치게 놀다 보면 놀이에서 오는 만족과 해소보다 놀이 자체에 끌려갈 때가 있다. 단순함은 일, 놀이, 사회활동 등을 감당할 만한 수준으로 축소하며, 의미 있는 몇 개의 활동에 집중하는 것을 뜻한다. 그럴 때 능률도 의미도 즐거움도 올라간다.

아버지의 의생활은 바지 두 개, 윗도리 세 개, 운동화 한 켤레, 모자 두 개, 봄가을용 잠바, 겨울용 잠바가 전부다. 다른 입던 옷들, 심지어 새 옷도 서랍장에 있지만 즐겨 입는 옷은 몇 개에 불과하다. 아버지에게 옷은 편하고 가볍고 나이에 맞는 고상한 모양과 색깔이면 충분하다. 아버지는 구두를 신지 않은 지도 오래되었다. 대신 양복에도 맞추어 신을 수 있는 검은색의 운동화를 신는다. 머리카락이 없는 관계로 모자는 여름용, 겨울용 각각 한 개씩이다. 이처럼 단출한 차림새로도 아버지는 단정한 용

92세 아버지의 행복 심리학

모를 유지하고 있는데, 그 비결은 옷가지가 적어서 오히려 맞추어 입기가 편하다는 점이다.

얼마 전 3주 일정을 계획하고 한국을 방문했다가 불가피하게 세 달이나 머무른 적이 있다. 3주를 예상하고 가져온 바지 두 개과 윗도리 두 벌로 세 달을 버티며 새삼 옷이란 적으면 적은 대로 충분히 생활이 가능하다는 것을 깨달았다. 한 번은 이사를 하면서 신발 보따리를 잃어버리는 바람에 신발 두 켤레로 오랜 시간을 보내며 오히려 홀가분해진 적도 있다. 최근의 트렌드인 간소함, 미니멀리즘이란, 불필요한 물건을 줄이고 가지고 있는 것들을 최소화하는 것이다. 얼마만큼이 최소일까, 거꾸로 얼마만큼이 충분한 것일까에 대한 기준은 상식을 바탕으로 자유롭게 판단하면 된다.

'최소의 충분함'을 위해서는 용기와 배짱이 필요하다. 버리지 못하거나 줄이지 못하는 이유는 두 가지다. 하나는 일이든 물건이든 자신이 할 수 있는 수준까지만 하고 살아도 효율적인 데도 버리거나 안 하면 큰일이 날 것만 같은 마음 때문이고 또 하나는 지금은 그다지 필요하지 않지만 나중에 언젠가는 필요할 것만 같은 마음 때문이다. 무엇인가를 꼭 해야 하고, 바빠야 하고, 쉼 없이 돌아가야 할 것 같은 강박적인 생각, 많이 가지고, 해보고, 만나고, 늘어놓는 것이 풍족한 삶, 누리는 삶이라는 생각, 가만히 조용히 지내는 것이나 한두 가지 일만 하는 것은 한심한 삶이 아닐까라는 생각 등에서 자유로워지는 것이 필요하다.

단순하게 사는 것 가운데 하나는 생각을 단순화하는 것이다. 복잡하게 생각하건 단순하게 생각하건 많은 경우 해결책은 비슷하기 마련이다. 생각을 복잡하게 하는 것은 정신적인 소모와 에너지의 낭비만을 가져오는 경우가 많다. 젊은 시절의 아버지는 문제가 생기면 말도 하지 않고 밤잠을 설쳐가며 해결책이 나올 때까지 고민하는 성격이었다고 한다. 일가친척이 많은 관계로 사업 실패, 사건 사고 등의 문제가 잇달았고 그때마다 어떻게 해야 할 것인가에 몰두하다 보니 건강을 해칠 정도였다. 그러던 아버지가 슬며시 복잡하게 생각하는 습관을 떨쳐버리고 남은 인생은 고민하며 살지 않겠다는 행복한 단순주의자로 변신하였다. 생각이 많으면 멋진 사람, 진중한 사람으로 보일 수도 있으나 막상 스스로는 고달프다. 단순하게 생각하는 사람은 그만큼 마음이 편하고 주변까지 편하게 만드는 이점이 있다.

92세 아버지의 행복 심리학

단순하게 생각하는 습관을 갖기 위해서는 생각할 때를 정해놓는 것(취침 전 등), 생각하는 시간을 제한하는 것(10분 이상 생각하지 않기 등), 한 번에 한 가지만 생각할 것, 생각에 사로잡힌다면 멈출 것, 생각이 꼬리를 물 때 잘라내는 것, 결론을 미루지 말고 내릴 것 등이 도움된다. 성경에 "오늘 일은 오늘, 내일 일은 내일 생각하라"는 말이 있듯 복잡하게 생각하지 않는 것도 건강한 삶의 기술이다.

동기부여 전문가 스테이시 브룩크만은 단순함이 주는 혜택으로 책임감이 줄어드는 것, 자유가 많아지는 것, 스트레스를 줄여 건강이 좋아지는 것, 과한 리액션을 하지 않게 되는 것, 중요한 관계에 집중하게 되는 것, 청소와 정리에 쓰는 시간을 다른 활동에 사용하게 되는 것, 수많은 세상의 유혹으로부터 산만해지지 않는 것 등을 들었다.[1] 주변에 단순한 삶을 살아가는 사람들을 보면 취미 생활, 운동과 휴식을 중요하게 여기며, 소중하게 여기는 물건들이 있고 혼자서도 잘 지낸다. 불필요한 것, 과도한 것을 과감히 내치고 가장 본질적인 것에 충실하다 보면 양보다 질이, 겉치레보다 내실이, 쫓기는 마음보다 여유가 무엇보다 명쾌하고 가벼운 마음으로 살아가게 한다.

평생에 걸쳐 무소유의 삶을 산 법정 스님은 인생은 복잡하기 때문에 단순하게 살아야 하며 단순한 삶이 본질적인 삶이라고 말했다. 단순함은 '단순하게' 사는 것이 아니라 삶의 본질에 충실하기 위해 군더더기, 겉치레가 되는 것, 보이고 싶은 것들을 절제하며 사는 것이다. 오히려 복잡함보다 더 어렵다. 늙어가면서 자연스럽게 단순함을 추구하는 것도 좋지만 덜 늙었을 때 단순하게 사는 습관을 익힐 줄 안다면 큰 자산이 되지 않을까.

92세 아버지의 행복 심리학

받아들임, 수용의 힘

아버지는 보통의 아버지보다 일찍 직장을 그만두고 몇
년간의 투병 생활을 거치며 40대 중반부터 여러모로 새
로운 삶을 살았다. 공무원에서 일반 직장인으로, 체중 80
킬로그램에서 60킬로그램으로, 과식에서 소식으로, 술과
담배에서 운동으로, 다각적으로 변화를 가졌으니 새로
거듭난 삶이라 해도 과언이 아니다. 이 모든 변화는 뇌출
혈 재발을 피하기 위한 노력들이었다. 아버지도 처음부
터 덜 먹고, 술과 담배를 끊고, 운동을 하고, 직장을 편한
곳으로 바꾸고, 스트레스를 받지 않으려고 애쓴 것은 아

니다. 의사의 경고 아래 '살기 위해' 시작한 노력들이 모여 새로운 습관과 생각, 그리고 평생의 라이프 스타일로 자리를 잡았다.

40대 중반에 발생한 고혈압으로 인한 뇌출혈은 아버지로 하여금 이전의 많은 것들을 내려놓게 하는 계기가 되었다. 아버지는 날벼락 같은 변화를 받아들이는 과정이 가장 어려웠다고 했다. 우리는 스스로 소중한 것을 내려놓는 존재가 아니라 내려놓을 수밖에 없는 상황이 되어서야 내려놓는 존재이기에 아버지도 그런 상황에 닥치고서야 조금씩 포기하고 받아들이게 되었으리라. 병 때문에 잘 나가던 직장을 그만두고 후유증으로 찾아온 공황장애 등 건강 문제로 할 수 있는 일이 많지 않은 현실 앞에 아버지 역시 참담했지만 자기 연민과 우울증에 빠지지 않으려고 안간힘을 썼다고 한다. 일단 받아들인 이상 더 이상의 아쉬움이나 원망으로 연연해하는 대신 어떻게 해야 재취업을 할 수 있는가, 후유증에서 일어설 수 있는가 등만 생각하니 한결 쉬웠다고 한다. 일단 받아들인 뒤에 파생되는 감정의 소모는 최소화한 것이다.

90세가 된 아버지의 제일 큰 도전은 보행의 불편함과 사는 것이다. 80대까지만 해도 대중교통을 이용하고

92세 아버지의 행복 심리학

가까운 여행도 가능했지만 90대에 들어오면서 현저히 나빠진 무릎 관절 때문에 지팡이를 짚기 시작하더니 최근에는 전적으로 휠체어에 의지한다. 오랫동안 건강관리에 힘써온 아버지가 보행의 어려움을 받아들이는 데는 적지 않은 시간이 걸렸다. 주변의 만류에도 불구하고 무리해서 걷다가 무릎에 물이 차고 발목이 종아리와 같은 두께로 부어서 2, 3주씩 걷지 못한 적도 있었다. 갑자기 움직이지 못해 구급차에 실려 정형외과를 다녀오고 계단을 오르지 못해 방범대원 등에 업혀 집에 오기도 하였다. 일련의 사건들을 거치며 아버지는 자신의 다리가 아닌 지팡이, 보행기, 휠체어 등의 다양한 보조 수단들을 이용해 걸어야 함을 받아들였다. 물론 지팡이와 보행기에 비해 휠체어를 타는 데는 꼿꼿한 자존심을 내려놓는 뼈아픈 시간이 있었으리라 짐작된다.

최근에는 대장 질환이 발견되어서 대장에 가는 용수철로 된 스텐트를 부착하였고 배변을 위해 상당한 양의 설사약을 복용한다. 하루 평균 많게는 열 번 정도의 배변을 보며 본인도 모르게 흘러나오는 변 때문에 기저귀를 사용한다. 배변이야말로 가장 사적인 부분이기에 어머니에게 실수한 이불과 옷가지의 뒤처리를 부탁하며 무척 민망해한다. 하루 종일 화장실과 씨름을 하고 기저귀를 차는 만만치 않은 생활에 아버지는 쉽게 적응했다. 휠체어를 타야 된다는 현실에는 적지 않은 저항을 하던 아버지가 기저귀를 쉽게 받아들이는 것은 의외였다. 아마도 아버지에게는 배변보다 보행이 우위인가 보다. 여름이 다가오면서 기저귀에서 패드로의 업그레이드도 성공하였다. 아버지는 여러모로 삶에 지장을 주는 배변의 어려움과 기저귀 생활에 대해 우울해하기는커녕 어르신 패드의 이름(디펜드)처럼 의지할 수 있는 도구가 있음을 고마워한다.

이 두 가지 불편으로 인해 아버지는 중요시 여기던 몇 가지를 포기했다. 자유로운 외출, 산책, 그리고 자존심이다. 노화로 인한 몸의 변화지만 올 것이 왔구나 하며 환영하지는 않았을 것이다. 설마 하는 마음에 걷지 못하는 사실을 부인도 해보고 고집스럽게 걷다 오히려 염증만 키우기도 하였다. 또한 화장실과의 전쟁을 매일 겪으며 병든 현실을 슬퍼하고 기저귀를 사용해야 한다는 암담함을 느꼈다. 하지만 아버지는 받아들이기 어려운 것에 대한 저항을 금방 슬그머니 내려놓는다. 녹록치 않은 일상이지만 아버지가 찡그리거나 짜증내는 걸 별로 본

92세 아버지의 행복 심리학

적이 없다. "타보니 휠체어가 참 좋은 물건이고 나에겐 구세주다", "차보니 기저귀도 참 훌륭하고 고마운 물건이다"라는 깨달음에 뿌듯해한다.

가장 포기하기 어려운 것은 자존심이 아닐까. 죽는 날까지 내 발로 잘 걸어 다니면서 즐겁게 생활하고, 누군가에게 신세도 끼치지 않고, 깔끔한 모습을 보여주고 싶다는 자존심을 버리기까지 아버지에게도 분명 흔들림이 있었으리라. 자존심을 내려놓으려면 작지 않은 내면의 싸움이 따른다. 자책과 연민에 빠지고 현실을 탓하고 원망에 사로잡히기도 한다. 자신의 한계나 부족함을 받아들이지 못해 오랜 시간을 허비하는 사람도 있다. 그런가 하면 현실을 인정하지 못하고 적지 않은 시간을 방황하는 사람도 있다.

심리학에서는 이를 '받아들임', '수용'이란 용어로 설명한다. 있는 그대로의 자신을 받아들이는 것을 '자기 수용'이라 하고 상황과 현실을 받아들이는 것을 '현실 수용'이라고 한다. 두 가지 모두 어려운 일이지만 주어진 현실을 받아들이는 것보다 자신의 약점이나 한계를 받아들이는 것이 더 어려운 것 같다. 현실은 상황이 닥치면 어쩔 수 없이 받아들이게 되지만 자신의 부족함을 받아들이는 데는 상당한 고통과 저항이 따르기 때문이다. 위키피디아 사전에서는 자기수용의 세 가지 요소를 자신의 장점과 약점을 아는 것, 자신의 능력과 재능에 현실적인 평가를 내리는 것, 자신의 부족함과 과거의 행동, 선택과 상관없이 자신에게 만족하는 것으로 정의한다. 사람마다 어느 요소를 수용하기 어려운지는 차이가 있다.

작가이자 동기부여 전문가인 레메즈 세슨은 자기수용의 의미를 좀 더 구체적으로 정의했다. 있는 그대로의 자신을 사랑하는 것, 자신의 습관, 능력, 외모를 인정하는 것, 자신의 상황과 환경을 원망하거나 화내는 대신 받아들이는 것, 자신에 대한 연민에 빠지거나 자신에게 너무 비판적이지 않는 것, 어떤 사람도 완벽하지 않다는 사실을 인정하고 실수도 자신의 일부로 받아들이는 것, 과거의 실수를 곱씹지 않는 것 등이다.[2] 즉, 받아들이는 것은 실패나 부족함 또한 자신의 일부, 현실의 일부, 삶의 일부에 포함시키는 것이다. 장점만이 아닌 약점도 자신의 일부로 인정하고, 잘한 것만 아니라 잘못한 것도 자신의 일부로 인정할 때 진정한 편안함이 찾아오고, 작고 시시하게 보였던 것, 숨기고 싶었던 것, 실패로 여겼던 것들에 마음을 열게 된다. 그렇게 마음과 에너지를 지금 가

　92세 아버지의 행복 심리학

능한 것, 내가 할 수 있는 것에 집중하면 앞으로 나가는 태도를 갖게 된다.

자신이 받아들이기 힘든 것들, 받아들이고 싶지 않은 것들에 마음을 쏟느라 앞으로 나아가지 못하고 제자리걸음을 하는 경우가 많다. 받아들이지 못했던 것을 자신의 일부로 받아들이는 순간, 그것으로부터 자유로워진다. 그것이 수용의 힘이다. 쉽게 받아들이기 어려운 자신의 어떤 부분과 현실의 어떤 부분을 삶에 허용하기 위해서는 받아들이겠다는 의지와 결단이라는 엔진이 필요하다. 워밍업이 길지 않은 엔진처럼 받아들임에 따르는 감정과 에너지 소모는 줄이는 것이 좋다. 대부분의 우리는 어쨌든 받아들이기 때문이다. 다만 받아들이기까지 얼마나 감정과 시간을 소모하는가에 차이가 있다. 아버지는 감정의 소모를 줄이고 '얼른' 힘든 상황이나 변화를 받아들인다. 그래야만 기다리고 있는 다음의 삶으로 나아갈 수 있기 때문이다.

소소한
집안일의 힐링

나이가 들면 남자에게는 잠재되었던 여성성이, 여자에게는 남성성이 나온다고 한다. 흔히 할아버지들은 더 소심하고 기가 죽는 반면, 할머니들은 씩씩하고 드센 경우를 본다. 노년기에 접어들면서 아버지 역시 어머니의 몫이던 집안일을 도왔는데 어설픈 솜씨지만 성실하게 가사 활동에 임했다. 아버지가 살림살이에 입문한 건 60대 초반에 대부분의 시간을 집에서 보내는 '삼식씨'가 되면서였고, 졸업한 것은 80대 후반이었으니 20년 이상을 한 셈이다. 아버지에게 소소한 집안일은 어머니를 돕고 집

92세 아버지의 행복 심리학

에 보탬이 되고자 하는 것 이상의 의미가 있었다. 청소, 빨래 개기, 나물 다듬기와 같이 손으로 하는 일을 통해 복잡하고 골치 아픈 일상에서 기분을 전환시키고 머리가 맑아지며 재충전까지 되는 특별한 힐링을 경험했기 때문이다.

아버지가 제일 열심히 한 집안일은 청소다. 빨래나 요리처럼 내공이나 실력이 필요하지 않고 정리나 수리처럼 솜씨가 필요 없는 청소를 좋아했다. 회사 일을 하듯 순서와 체계를 정해 매일 하는 마루 청소, 하루 걸러 하는 방 청소, 청소기만 돌리는 날, 걸레질을 하는 날 등으로 구분하여 규칙적으로 청소를 했다. 청소의 질로 말하면, 깔끔하고 꼼꼼한 어머니 솜씨에 비할 수 없지만 열심 점수는 더 높았다. 아버지는 걸레질을 할 때 도를 닦듯이 묵묵히 손을 돌리고 마칠 때까지 옆의 사람이나 소리에 신경도 쓰지 않을 만큼 몰입한다. 노인에게 힘이 부칠 만한 걸레질이 끝난 뒤에 땀을 흘리는 아버지의 표정은 이루 말할 수 없이 만족스럽다.

청소 다음으로 아버지가 꾸준히 도맡은 일은 빨래 개기였다. 아침에 빨아놓은 빨래들을 오후 늦게 건조대에서 거두어 수건은 수건대로, 속옷은 속옷대로 분류하여 개는 일이다. 아버지의 빨래 개는 손놀림은 어설프고 신통치 않지만 청소와 비슷한 몰입의 경지에 이르기 때문에 말을 시키거나 간식을 드려도 빨래를 다 갤 때까지는 무반응으로 일관하였다. 과정과 달리 아버지가 갠 빨래들은 엉성하기 짝이 없다. 금방 망가지고 모양이 흐트러지지만 끝내기를 목표로 하는 아버지의 손놀림은 쉬지 않았다.

집안일 가운데 아버지의 특기는 건어물과 나물을 다듬거나 밤을 깎는 종류의 일이었다. 이런 일들은 재주나 기술보다는 끈기를 요구하는 일이기에 아버지의 적성에 꼭 맞았다. 멸치 한 박스를 놓고 똥을 빼는 일, 커다란 다시마를 조그만 크기로 잘라 봉지에 넣는 일, 콩깍지에서 콩을 까는 일, 마른 나물에서 필요 없는 부분을 따는 일 등이다. 일단 어머니의 설명을 듣고 시범을 본 후, 방에서 TV나 라디오를 틀어놓은 채로 두 시간은 꼼짝도 하지 않고 일을 했다. 두 시간 만에 다 깠다며 환하게 웃으며 나오는 모습은 작품 하나를 마친 장인의 표정과 다름없었다. 어머니를 도왔다는 뿌듯함, 자식들에게 나누어 줄 양식이란 흐뭇함, 무엇보다 자신도 가사에 공헌한다는 기분 좋음으로 아버지는 손이 많이 가는 다듬기 일을 특히 좋아했다.

아버지의 집안일은 집 안 살림이나 어머니에게 도움도 되겠지만, 사실은 아버지가 자신을 위해 자발적으로 한 일이기도 하다. 단순하고 소소한 집안일이 정신 건강에 주는 여러 가지 효과를 몸소 체험했기 때문이다. 우선, 손을 쓰는 일을 하면 복잡한 생각이 없어지고 편안한 상태가 된다고 한다. 목표가 분명하니 시간도 잘 간다. 단순히 편안하게 앉아서 TV를 보는 것과도 큰 차이가 있다. TV 시청은 보고 난 뒤 잔상이나 감정의 여운이 남지만 손으로 하는 일은 즉각적인 결과물로 인해 만족감, 성취감과 같은 내적인 보상이 따라온다.

이와 같은 효과를 심리학에서는 '몰입'이 주는 긍정적인 경험으로 설명한다. 몰입이란, '어떤 구체적인 활동에 초점을 모아 에너지가 집중되고 즐거움에 빠지는 상태' 또는 '어떤 행위에 깊게 몰입하여 시간의 흐름이나 공간, 더 나아가서는 자신에 대한 생각까지도 잊어버리는 심리적 상태'를 의미한다. '몰입'의 심리학자 미하이 칙센트미하이는 몰입은 "행복감을 느끼게 하는 비밀"이라 말하며 혼과 열정을 쏟아내는 예술 활동이나 운동경기뿐만 아니라 일상의 작은 일로도 몰입을 통한 행복감을 찾을 수 있다고 설명한다.

몰입이 주는 여러 가지 효과 가운데 가장 매력적인 것은 지금 열중하고 있는 일 이외 다른 것에 대한 욕구가 생기지 않는다는 점이다. 흔히 예술가들이 작품에 몰입할 때 배고픔과 피곤도 모른 채 열중하게 되는 것처럼 자신이 좋아하는 일을 하면 머릿속을 지배하고 짓누르는 인간관계, 책임, 해야 할 일 등에 대한 생각이 끊어진다. 또 한 가지 효과는 자신의 상태(생각, 감정, 행동, 신체 등)를 계속 의식하는 자의식이 없어진다는 점이다. "사람들이 내 실수를 어떻게 생각할까", "왜 마음이 불안할까", "속이 계속 안 좋은 것 같아" 등 끊임없이 자신에게 몰두해 있는 상태는 괴로울 수밖에 없다. 우울증 환자들이 힘들어하는 증상 가운데 하나는 끊임없이 꼬리를 무는 생각과 감정이 차단되지 않는다는 것이다. 계속되는 걱정, 두려움, 무력감 등의 우울한 감정들을 끊어내기 위해서는 다른 쪽으로 관심이 이동해야 한다. 산책, 명상, 운동 등의 잘 알려진 방법처럼 가사 활동도 관심 이동에 큰 효과가 있다.

특히 아버지가 하는 단순한 집안일은 깨끗해진 집, 산뜻한 분위기, 깔끔한 정리 등의 즉각적인 결과물이 있어 기분이 좋을 뿐만 아니라 다른 일도 잘 해낼 수 있을 것 같은 자신감, 희망 같은 긍정 에너지까지 발생시킨다. 긍정적인 감정이 또 다른 긍정적인 감정으로 전이되는 원리다. 일주일 내내 바쁘고 정신없이 일하는 사람일수록 주말에는 서랍 정리, 청소, 설거지, 빨래 등의 자잘한 가사 활동을 해보길 추천한다. 머릿속이 맑아지며 새로운 에너지가 채워지는 효과를 확인할 수 있을 것이다. 청소나 정리 뒤에 찾아오는 산뜻한 느낌을 영어로는 'Stay in Shape(모습을 유지한다)'라고 표현한다. 복잡하고 꽉 찬 느낌이 아니라 질서를 갖춘 정돈된 느낌을 의미하는 것이다. 꼭 매주 할 필요는 없다. 몇 주에 한 번씩은 서랍 속의 양말을 개고 옷을 정리하고 책상을 치우는 것은 바쁜 일상으로 인해 질서를 잃어버렸던 상태에서 원래의 모습을 회복시키는 일이며, 그 소소한 활동을 통해 아버지처럼 몰입의 즐거움을 찾는다면 일석이조의 효과가 있다.

절제와 중독

아버지의 일상을 보면 상반되는 두개의 단어가 떠오른다. 바로 절제와 중독이다. 어떤 면에서는 금욕주의에 버금갈 만큼 절제하는가 하면 어떤 면에서는 제어가 어려운 중독을 보인다. 아버지가 절제하는 것은 음식과 감정이고, 중독된 것은 운동과 웃음이다. 이를 교집합으로 묶을 수는 없지만 공통적으로는 자신을 통제하는 능력과 관련이 있다.

아버지는 50년 가까이 당뇨식을 해오고 있다. 교과서 수준으로 철저하고 엄격하게 식사의 양과 종류를 제

92세 아버지의 행복 심리학

한하는데, 요즘은 흔히 볼 수 있는 건강 식단이지만 당시에는 건강을 위해 식단을 조절한다는 것 자체가 낯설었다. 1970년대부터 해외 여행과 명절을 제외하곤 거르지 않았다. 외식을 피하고 만약 외식을 해도 음식의 양과 종류를 지켰고 주전부리까지 금했다. 이를 뒷받침해주는 어머니의 헌신이 있었기에 가능한 일이나, 가장 무너지기 쉬운 식탐을 자제하며 평생의 습관으로 만든 것은 쉽지 않은 일이다. 아버지의 하루 식단은 다음과 같다.

- 새벽 5시: 토마토 반쪽, 고구마 반 개, 두유
- 아침: 잡곡밥 반 공기, 고등어(생선)조림, 나물,
  멸치볶음이나 콩자반류의 밑반찬
  * 아침 식사 후 간식: 블랙 커피 한 잔, 사과 1/4쪽,
    청국장 가루 한 숟갈
- 점심: 분식(메밀국수, 우동, 채소만두 등)
  * 저녁 전 간식: 견과류, 크래커
- 저녁: 잡곡밥 반 공기, 찌개나 국, 생선(일주일에 세 번),
  고기(일주일에 두 번), 나물, 반주(소주 두 잔)
  * 취침 전 간식: 요거트

아버지가 음식만큼 지키는 것은 감정이다. 아버지는 집안에 걱정이 있거나 몸의 상태가 좋지 않을 때면 자신의 방에서 많은 시간을 보낸다. 걱정거리가 해결되거나 몸이 좋아지면 그제야 자신이 좀 힘들었다고 고백한다. 가족들은 아버지가 아팠는지, 괴로웠는지 모르고 지나가거나 뒤늦게 알게 되는 경우가 대부분이다. 아버지는 이러한 주변의 무심함을 즐긴다. 아버지가 몸과 마음의 힘든 상태를 극복하는 방법은 일상을 유지하면서 혼자 견뎌내는 것으로 지극히 단순하다. 힘든 상태를 말과 행동으로 표현하며 해소하는 방식과 달리 조용히 자신이 어떤 상태인지를 생각해보고 가라앉도록 기다린다. 심리학에서는 이를 감정을 붙잡는 능력Hold이라고 한다. 감정을 표현하고 대처하는 방법이 너무 많으면 지나치게 감정이 소모되며 과장되고 잘못된 표현에 빠지기 쉽다. 힘든 마음을 바깥으로 빨리 끌어내기보다 진득하게 내면에 담고 자연적인 흐름에 맡기면 오히려 서서히 줄어들거나 다른 형태로 변화된다. 모든 감정은 시간이 지나면서 변화하기 마련이다. 화난 감정도 바로 풀어내야 직성이 풀리거나 해소가 되는 것 같지만 실제로는 몇 시간, 길어야 하루, 이틀만 지나도 삭기 마련이다. 중요한

92세 아버지의 행복 심리학

것은 감정을 담고 무엇을 하는가이다.

많은 사람들이 부정적인 감정을 품고 있을 때 "그래서 그랬을 거야", "분명 꿍꿍이가 있었을 거야" 같은 스토리와 "아무리 생각해도 이해가 안 된다", "비상식적이고 비양심적이다", "인간이 그럴 수는 없다" 같은 생각이 더해져 감정이 더 부풀려지고 과장된다. 직장 상사에게 들은 부당한 말을 곱씹다 보면 그 말이 얼마나 부당했는지, 다시 돌아가 어떻게 대꾸하고 응수했어야 했는지, 똑같은 상황이 오면 어떤 복수전을 펼칠지 등 온갖 생각에 빠져 억울함은 더 불붙게 되는 것이다. 생각과 이야기가 더해져 감정이 격해지면 충동적인 행동으로 변하고 후회스러운 결과를 가져온다. 부정적인 감정일수록 감정과 연관시켜 끊임없이 떠오르는 생각들을 멈추는 것이 중요하다. 최근 '마음 알아차림', '마음 지킴'으로 번역되는 'Mindfulness'를 강조한다. 이는 부정적인 감정이나 상태를 쉽게 해소하거나 덮어버리는 대신 마음 깊숙이 느끼고 들여다봄으로써 오히려 자유로워지는 효과를 말한다. 예를 들어 화가 난 감정을 갖고 있으면 힘드니 얼른 털어버리려고 한다. 그렇게 해서 화가 깔끔히 사라지면 좋지만 대부분 다시 살아나거나 짜증, 예민한 반응 등으로 변한다. 마음 알아차림은 화를 품고 화난 이유와 상황, 화에 대한 자신과 상대방의 반응, 상대방의 입장에 대한 객관적인 시각과 마음의 여유를 느끼고 화로부터 자유로움을 경험하는 것이다.

아버지는 운동 중독자이기도 하다. 집에 있는 시간은 물론 차를 타고 갈 때, 병원에서 순서를 기다릴 때, 은행에서 볼일을 볼 때, 모든 상황과 장소가 아버지의 운동 시간이다. 앉을 수 있는 의자만 있으면 가능한 문지르기 체조가 있고, 수지침의 효과가 있는 작은 봉을 손바닥에서 굴린다. 아버지는 TV도 그냥 보지 않는다. 앉아서 할수 있는 각종 요가 자세, 발바닥과 손바닥 두드리기, 코와 눈 문지르기, 단전호흡과 맨손체조 등 쉴 새 없이 몸을 움직인다. 잠이 오지 않는 날에는 한밤중이나 새벽에도 아버지의 운동 소리가 들린다. 얼마 전 대장 검사를 위해 병원에 입원한 아버지가 수액을 꽂은 채로 체조를 하는 바람에 주사 바늘이 빠지는 일이 있었을 정도다. 아버지가 틈만 나면 하는 운동들이 과연 효과가 있는 지에 대해 의문을 가지는 것이 무색하게도 아버지의 각종 건강 수치는 보란 듯이 훌륭한 성적표를 자랑한다. 아버지의 운동이 재미난 건 40년 된 동작도 있지만 TV와 라디오에서 나오는 건강 정보를 토대로 꾸준하게 업데이트 한다는 사실이다. 그만큼 운동을 생명줄로 삼고 심혈을 기울인다.

실제로 아버지는 일찍 피트니스에 입문하였다. 1970년대에는 흔치 않던 체육관의 멤버십을 사서 트레이너에게 여러 가지 체조법을 배웠고(40년을 다님), 보행의 어려움이 생겨 체육관에 다닐 수 없게 된 몇 년 전부터는 집 근처 노인복지관의 운동 시설을 이용하고 있다. 쉬지 않고 몸을 움직이는 아버지는 가족은 물론 주변 사람들에게도 운동 할아버지로 알려져 있다. 아버지의 '노No 운동, 노No 식사'는 '운동을 제대로 하지 않으면 제대로 먹을 수 없다'는 것으로 강박에 가깝다. 언젠가 아버지가 고백하길, 솔직히 몸을 쓰기가 귀찮고 드러눕고 싶은 때가 많지만 운동을 하지 않으면 병이 들고 병들면 힘들어지고 그러면 자식들이 고생하는 시나리오를 떠올리며 자신을 다그친다고 했다.

아버지가 나이에 비해 좋은 얼굴을 유지하는 이유는 말론 브란도 스타일의 굵직한 이목구비와 더불어 웃는 얼굴 덕분이다. 아버지도 젊어서부터 항상 웃는 얼굴은 아니었을 텐데 언제부턴가 찡그리거나 무뚝뚝한 표정이 사라졌다. 화장실을 다녀와서 웃고 식사하면서 웃고 우연히 마주쳐도 웃고 전화를 받을 때도 웃고 휠체어에서도 웃고. 웃음의 연속이다. 기분 좋을 때, 웃길 때, 반가울 때 자연스럽게 나오는 웃음이 때를 가리지 않고 거의 모든 일상과 세트로 맞춰져 있는 느낌이다.

어쩌다 마주친 아버지의 사라지지 않는 웃음 앞에서는 나 또한 웃음을 짓게 된다. 마치 방긋 웃는 아이에게 웃게 되는 것과 같은 이치다. 아버지의 웃음 앞에서는 나의 걱정, 짜증, 화남 또한 머쓱해진다. 웃는 얼굴이 가져다주는 멋진 효과다. 아버지의 웃음 중독이 특별한 이유는 우리 주변에 화 또는 분노 중독이 많기 때문이다. 어려운 일이 닥쳤을 때 화부터 내는 사람들은 화를 내면서 주변을 제어하고 당혹스러움과 실패감을 감추고 자신감을 가지려고 한다. 화 내기도 습관이고 습관이 쌓이면 중독이 되는 것처럼 아버지의 웃음도 습관이 되어 생활의 일부가 되었다. 화 중독은 부정적인 에너지로 확산되지만 웃음 중독은 기분 좋은 에너지로 전염된다.

알코올중독, 화 중독처럼 우리의 삶을 피폐하게 만드는 중독들이 있는가 하면 운동, 웃음처럼 우리의 삶을 풍요롭게 만드는 중독도 있다. 심리학자 윌리엄 글래서

92세 아버지의 행복 심리학

는 삶을 즐겁고 건강하게 만드는 활동에 중독되는 현상을 '긍정적 중독'이란 용어로 설명한다. 달리기, 명상, 일기 쓰기, 운동 등이 긍정적으로 중독될 수 있는 활동이다. 이런 활동을 하면 성취감, 정서적 충만감이 생기는 동시에 스트레스에 견디는 힘이 쌓이고 다른 일도 잘할 것 같은 자신감이 생긴다. 글래서에 따르면 긍정적 중독으로 건강과 행복도를 높이기 위해서는 몇 가지 조건이 필요하다. 잘해야 된다는 부담감, 실패에 대한 걱정과 경쟁심이 없어야 하며 계속하면 더 잘할 것이라는 믿음으로 하루에 한 시간은 투자해야 한다는 것이다.

우리 삶에는 절제하면 좋은 영역들이 많지만 지나쳐도 좋은 영역들도 있다. 절제해서 좋은 것은 우선 말, 그리고 걱정이 아닐까 싶다. 말을 덜 하거나 말을 아껴서 하면 그만큼의 에너지를 듣는 일, 다른 일에 사용할 수 있고, 말로 인한 실수와 갈등을 줄일 수 있는 한편, 잘 들어주는 사람, 사려 깊은 사람, 여유 있는 사람으로 보이는 것은 물론이다. 걱정을 참는다는 것은 불쑥 걱정이 생길 때 걱정을 하지 않기로 작정하는 것이다. 과감히 걱정을 중단하는 것을 의미한다. "걱정 끝!"을 선언하고 걱정을 참는 것은 생각보다 쉽지 않지만 한 번 경험하면 두 번째는 더 쉬워진다. 반면 지나쳐서 좋은 것은 뭐니 뭐니 해도 매너와 친절이 아닐까. 도에 넘치고 좀 과장일까 싶어도 예의와 친절은 누구에게도 해가 되지 않으며 하는 사람, 받는 사람 모두를 기분 좋게 만든다.

아버지만의 절제하는 삶의 영역과 지나침이 있는 영역이 있듯 누구나 절제와 중독의 종목이 있을 것이다. 나의 절제와 나의 중독으로 자신은 물론 주변까지 건강하고 즐겁게 만든다면 극단적으로 여겨질 수 있는 절제와 중독도 행복을 얻는 도구가 된다. 나의 경우 인사 먼저 하기, 순서 양보하기, 안부 연락하기, 일찍 도착하기 등이 중독 리스트로 떠오른다. 절제와 중독 또한 마음의 표현이며 자신을 드러내는 의지적 선택이다.

92세 아버지의 행복 심리학

모든 일에는 때가 있다

이미 고전이 된 스티븐 코비의 저서《성공하는 사람들의 일곱 가지 습관》을 보면 일화가 하나 나온다. 생일을 맞은 세 살짜리 딸이 자신의 집에 놀러 온 친구들에게 장난감을 빌려주지 않겠다고 고집을 부리는 상황에서 억지로 장난감을 양보하게 했지만 결과적으로 세 살 아이에게 생일날 '나눔' 또는 '양보'의 가치를 가르치기에는 적합하지 않았다는 것이다. 아이에게도 가르칠 때와 가르치기 어려운 때가 있고 배울 수 있는 때와 배우기 어려운 때가 있음을 말한다. 타이밍Timing이란 어떤 일을 할 가장 적합한 때를 뜻한다. '타이밍이 전부'라는 'Timing is Everything'이란 말처럼 정확한 때와 적절한 때는 업무, 장사, 투자, 인간관계 등의 삶의 영역에서 성공과 승패를 가르는 변수가 되기도 한다.

유명한 운동선수나 감독들이 경기를 평가할 때 가장 흔히 언급되는 것이 타이밍이다. 힘이나 근력, 기술 못지않게 중요한 것이 바로 정확한 타이밍이다. 그 정확한 때를 구분하기 위해서는 지속적인 연습과 인내가 필요하다. 우리 일상에서도 타이밍의 중요성을 쉽게 찾아볼 수 있다. 사진을 찍을 때, 중요한 부탁을 할 때, 계약을 할 때, 결정적인 순간을 포착하느냐 놓치느냐에 따라 결과가 좌지우지되기 때문이다.

아버지는 타이밍을 구분하는 것을 생활의 원칙으로 삼은 분이다. 말할 때와 말하지 않을 때, 돈을 쓸 때와 쓰지 않을 때, 화를 낼 때와 내지 않을 때, 서두를 때와 기다릴 때, 물건을 살 때와 사지 않을 때 등을 구분하여 몸에 밴 습관으로 만들었다. 특이하게도 아버지는 90세가 넘도록 제일 좋아하는 일은 장보기이며 거의 유일하게 돈을 쓰는 곳도 마트다. 대형마트와 동네 마트에서 돌리는 세일 전단지를 꼼꼼히 읽은 뒤 가게마다 다른 세일

92세 아버지의 행복 심리학

품목과 날짜에 맞추어 장을 본다. 그러다 보니 우유는 A 가게에서, 채소는 B 가게에서 시간 간격을 두고 물건을 산다. 고구마와 호박 하나도 정가로 사는 일이 없을 정도로 '세일'에 대해서 엄격하고, 가장 선호하는 품목은 원 플러스 원 묶음이다. 아버지의 장보기에서 세일이 아닌 품목은 거의 없다. 심지어 옷이나 양말을 선물 받을 때도 세일한 물건인지를 확인하고 세일로 샀다는 답을 듣는 즉시 기쁨은 배가된다.

아버지는 돈도 쓸 때와 쓰지 않을 때를 확실히 구분한다. 기분이 좋다고 즉흥적으로 돈을 쓰거나 급한 마음에 충동적으로 돈을 쓰지 않는다. 항상 주머니에 비상금 몇 만 원 정도를 가지고 있지만 비상금은 비상금일 뿐 쓰기 위한 돈이 아니다. 아버지가 돈을 쓰는 일은 정해져 있다. 병원비, 장보기 같은 정기적인 살림살이에 쓰는 것을 원칙으로 하되, 손주들의 방문에 대비하여 용돈을 준비하고 갑작스런 친척의 방문에 쥐어 줄 부조금을 준비해둔다. 아버지는 자신이 아흔이 넘도록 자립적으로 살 수 있는 이유는 본인만의 소비 원칙이 있었기 때문이라고 말한다. 돈을 쓰되 자신에게는 인색하게, 가족과 친지에게는 후하게 써야 하며 내가 쓴 만큼 돌아올 것이라고 기대해서는 안 된다는 것이다.

평소 말수가 적은 아버지는 말할 때와 말하지 않을 때, 지켜볼 때와 결정할 때, 서두를 때와 기다릴 때를 구분하여 대화한다. 얼마 전 아버지의 대장 질환으로 수술이냐 아니냐의 갈림길에 섰을 때, 내과의사와 외과의사의 다른 소견 때문에 가족 회의가 열렸다. 자신의 문제를 결정하는 내내 아버지는 전문가와 가족들의 의견을 열심히 듣기만 했고 자신의 생각을 피력하지 않았다. 전문가와 자식들의 소견이 자신보다 옳을 것이기에 따라가는 것이 좋겠다는 명쾌한 결론을 내린 것이다.

그런가 하면 친척이 어려운 사정을 말하며 금전적 도움을 요청해오면 아버지는 자세한 사정을 물어보거나 바로 답을 주는 대신 며칠 생각해보겠다는 유보적인 태도를 보인다. 어차피 도움을 줘야 한다면 감정에 휘둘려 절박한 친척을 내치는 실수를 범하지 않는 한편, 도에 지나친 도움을 준다는 허황된 실수도 하지 않으려는 것이다. 한편 어머니가 몸이 안 좋거나 심기가 불편하면 아버지는 "쉬라"는 말을 던지고는 어떤 말로도 귀찮게 하지 않는다. 아버지가 위로라고 건네는 말이 어머니에게는 별 도움이 되지 않는다는 것을 파악했기 때문이다.

92세 아버지의 행복 심리학

타이밍과 관련한 아버지의 또 다른 특기는 화를 낼 때와 내지 않을 때를 조절하는 능력이다. 가능하다면 화를 내지 않는 것을 원칙으로 하나 어쩔 수 없는 상황에서 화를 낼 때는 짧고 뒤끝이 없다. 감정이 고조된 상황에서는 구구절절 설명하는 것, 따지는 것, 과거지사를 들춰내는 것, 가르치려고 하는 것, 고쳐주려고 하는 것은 화를 오히려 키우는 일이다. 아버지가 유일하게 다투는 어머니와의 싸움에서 뒤끝이 없고 화내는 기간이 짧은 쪽은 항상 아버지다.

'타임 센스티브Time Sensitive'라는 영어 표현이 있다. 원래 특정한 시간에만 유효하거나 짧은 시간 동안만 가능하다는 뜻이지만 날씨, 기분, 상태에 민감한 것처럼 시간에도 민감하다는 뜻으로 해석해본다. 지금이 맞는 때인가 아닌가를 구별하기 위해 신경 쓰고 조심하고 배려하는 태도를 의미한다. 쉽게 말해 분위기를 파악하여 지금이 야단을 칠 때인지 아닌지, 잔소리를 할 때인지 아닌지, 부탁을 할 때인지 아닌지 등을 구분할 줄 아는 센스가 중요하다는 뜻이다. "말 한마디로 천 냥 빚을 갚는다"는 말은 아날로그처럼 들리고 "센스와 타이밍을 잘 활용하면 천 냥 빚을 갚는다"는 말이 더 적합한 시대를 살고 있기 때문이다.

하지 말아야 될 순간에 던진 말로 상처를 주고받는 일, 그냥 넘어가면 좋을 때 야단을 치거나 상대방을 몰아세우는 일, 가만히 있으면 좋을 상황에 괜한 말로 분위기를 어색하게 하는 일, 금방 내리지 않아도 될 결정을 성급히 내려 후회하는 일 등 우리 일상에는 '때에 민감하면' 줄일 수 있는 문제가 많다. 반면 힘들어하는 상대방을 위해 말없이 같이 있어주는 일, 결정을 내리지 못해 우왕좌왕하는 상대방을 위해 센스 있는 의견을 제시하는 일, 위로가 필요한 친구에게 망설임 없이 밥을 사는 일, 피곤해서 돌아온 상대방에게 분위기를 전환시키는 말 한마디 등 때를 잘 맞추면 즐거워지는 일도, 해결되는 일도 많다. 시간에 민감해지는 것은 신중하고 지혜로운 삶의 태도로 일상의 크고 작은 실수와 잘못된 선택을 줄여준다.

불편함의 미학

아버지가 지내는 방을 들여다보면 낡고 오래된 물건들이 대부분이다. 손주가 사용하던 오래된 침대, 딸이 쓰던 서랍장, 고모네가 이사하면서 버린 옷걸이, 할아버지 때부터 내려온 귀퉁이가 부서진 오동나무 반닫이 등 오래된 가구들이 퀴퀴하고 전형적인 할아버지 방을 완성시킨다. 거기에 라디오, 발마사지 기계, 효자손, 약 봉투와 간식거리, 잡동사니까지 더하면 원룸을 방불케 한다. 어머니가 하루 걸러 청소를 하지만 워낙 오래된 물건들이 모여 있으니 산뜻한 맛은 나지 않는다. 아버지에게 오래

되어 사용하기 불편한 물건들을 처분하자고 여러 번 건의했으나 다 쓸모가 있다며 버리지 않을 뿐만 아니라 꾸준히 애용할 정도다.

하루쯤 시간을 들여 아버지 방의 고물을 정리하고 보다 편리한 새것으로 바꾸면 삶의 질이 한결 나아질 텐데 그 고집을 꺾기가 어렵다. 아버지가 정말로 고물들을 잘 사용하고 있기 때문이다. 아버지가 낡고 불편한 것들을 잘 사용하는 이유는 단순히 버리기 아까워서, 쓸 만하니까, 살 날이 얼마 남지 않아서 등이 아니다. 불편한 것을 참고 사용하다 보면 거기서 오는 묘한 '불편함의 즐거움'이 있기 때문이라고 한다. 건축가 승효상 씨는 가구를 평가하면서 "딱딱한 의자는 나무와 숲의 따스함이 느껴지고 낮은 의자에 앉으면 호흡이 내려앉고 차분해진다"고 말했다. 아버지가 주장하는 불편함의 미학도 그러하다. "어느 정도의 불편함은 득이 되거나 정신적인 편안함을 가져온다"는 것이다.

아버지의 가구 중에서 제일 불편한 것을 꼽으라면 뭐니 뭐니 해도 침대다. 아버지의 침대는 18년 전, 손주가 초등학생용 침대를 어른용으로 바꾸면서 가져온 것이다. 어린이용이다 보니 폭도 좁고 매트리스도 꺼지는

92세 아버지의 행복 심리학

바람에 위에 요를 깔아서 사용하고 있다. 게다가 침대 중간에 앉아 TV를 시청하다 보니 등을 받쳐주는 것이 없어 오랜 시간 앉아 있는 것도 힘들다. 장기 요양 혜택을 받으면 한 달에 만 원 정도의 비용으로 최신식 기능의 침대를 대여할 수 있지만 아버지는 끝내 사양하였다. 침대가 불편해야 얼른 일어나게 되고 오래 앉아 TV를 보는 일도 줄어들어 건강에 좋다는 것이 이유다. 엘리베이터가 없는 3층 연립주택을 고수하는 이유도 같은 맥락이다. 계단이 불편함 점도 있지만 오르락내리락하며 운동도 되고 힘을 쓰기 때문에 건강이 좋아지며, 무엇보다 몸이 고단해야 정신이 맑아진다고 한다.

아버지는 공익 방송에 나가도 될 만큼 대중교통의 편리함을 칭송한다. 특히 전철을 갈아타는 것을 즐거워하였는데, 각 노선마다 승객들과 분위기가 달라 색다른 구경거리가 있고 갈아타면서 걷기 운동이 되기 때문이었다. 아버지는 병원에서 순서를 기다리는 것도 즐거워한다. 미리 예약한 CT 촬영이 한 시간이나 늦어져도 대기 중인 환자들과 담소를 나누거나 오고 가는 간호사에게 건강에 관한 질문을 하며 기다리는 시간을 즐기곤 한다. 아버지는 신앙심이 깊지는 않지만 교회에 열심히 다니며 예배를 보는 것에도 색다른 의미를 부여한다. 예배가 길고 설교가 길수록 자세를 바르게 하고 졸지 않으려고 애쓰다 보면 인내심이 생긴다는 것이다. 한편 아버지는 불편한 마음과 사람도 잘 참는다. 누군가 아버지의 말이나 행동을 오해해도 시간이 지나면 오해도 풀리기 마련이라며 조용히 기다리고 말을 함부로 하거나 시비를 거는 사람에게도 화난 사람의 행동일 뿐 자신의 탓이 아니라며 대꾸하지 않는다.

하지만 아버지의 불편함의 미학이 항상 좋은 것만은 아니다. 작고 줄어든 양말을 참고 신다가 피가 통하지 않아 발목 부종이 생긴 적이 있는가 하면, 날이 망가진 면도기를 계속 쓰다가 한동안 얼굴에 상처가 난 적도 있다. 전철을 타고 대형마트에 다닐 때는 5킬로그램 정도의 장바구니를 어깨에 매고 다니는 바람에 어깨가 짓무르기도 하였다. 가까운 동네 마트에서 사면 될 텐데 소주, 맥주같이 무거운 것들을 세일이란 이유로, 어깨의 근육을 키운다는 또 다른 이유로 지고 다니던 아버지가 자기학대적 성향이 있는 것은 아닐까 걱정스러웠던 적도 있다. 최근에는 늙어서 그런 거라며 오랫동안 변비를 참다가 결국 심각한 대장 질환을 진단받기도 했다.

아버지는 너무 편한 것은 사람한테 좋지 않다고 생각한다. 몸이 너무 편하면 생각이 안일해지고 매사에 시큰둥하고 발전적이지 못하다고. 우리는 작은 방해물, 걸림돌로도 쉽게 괴로워한다. 불편한 것을 참지 못하는 가장 큰 이유는 은연중에 나에게 조금이라도 불편한 상황이 생기면 안 된다는 생각이 있기 때문이다. 우리의 삶에는 어느 정도 불편이 존재할 수밖에 없다는 '불편불가피론'을 떠올리면 불편한 상황을 수용하고 참아내기가 조금 더 쉬울 것이다. "나는 기분이 나빠서는 안 된다", "사람들은 항상 친절해야 한다", "모든 것은 확실해야 한다"와 같은 비현실적인 생각을 갖고 있다면 삶이 고단하고 불편할 때가 많을 것이다. 우리 인생은 어느 정도의 불편함을 감수해야 하는 것이 본질이기 때문이다. 성경에 "어려움은 인내를 낳고 인내는 연단(성숙해짐)을 낳는다"는 구절이 있다. 어려움이 생겼다면 그것을 참으려고 훈련하면서 보다 성숙한 인격이 된다는 뜻이다. 작은 불편함을 참다 보면 어느새 큰 불편함도 참아내고, 그것은 인내심이 많고 포용력을 가진 인격으로 이어진다.

의외로 불편함에서 얻을 수 있는 것들은 꽤 많다. 불편한 의자에 앉으면 좋은 자세를 유지하게 되고, 낡고 오래된 집에 살면 부지런하게 되고, 불편한 음식을 먹으면 새로운 맛을 더 잘 느끼게 되고, 불편한 옷을 입으면 조심스럽게 행동하게 되고, 불편한 일을 하면 인내심이 쌓이고, 불편한 상황에 맞닥뜨리면 대처하는 기술을 발휘하게 되고, 불편한 사람을 만나면 아닌 척, 모른 척하는 방법을 배우게 되고, 불편한 마음이 생기면 그 마음을 다룰 수 있는 기회가 생기고, 불편한 생각이 들면 편한 생각으로 바꾸고자 연습하게 된다. 이 모든 것은 불편하지 않으면 얻을 수 없다. 불편은 항상 문제와 어려움으로 이어지는 것만이 아니라 때로는 기회가 될 수 있다.

그런가 하면, 불편함을 선택할 때 따라오는 색다른 이득도 있다. 손빨래를 하며 느끼는 상쾌함, 손글씨를 쓰는데 필요한 집중력, 음식을 만드는데 느끼는 뿌듯함, 불편한 숙소에서 지내면서 쌓이는 내공, 장보기 과정에서 느끼는 마음의 풍요, 발품을 팔아서 찾던 물건을 구할 때의 만족감, 불편한 시간에 맞추어야 하는 일을 완성하고 느끼는 자기효능감 등은 불편으로 얻게 되는 즐거움이기도 하다. 불편함을 적으로 만들기보다 친구로 만든다면 불편함이 많은 세상살이가 덜 불편해지고 뜻밖의 즐거움까지 발견하게 될 것이다.

　　　　　　　　　92세 아버지의 행복 심리학

무기력을 이기는
낙관주의

92세에 들어서면서 아버지는 몸에 몇 가지를 달게 되었
다. 인공항문, 기저귀, 그리고 보행기다. 인공항문은 소
장의 아주 작은 일부를 몸 밖으로 꺼내어 대장을 사용하
지 않고 배변을 돕는 방법으로 쉽게 말해 배 부위에 똥
주머니를 차고 있는 것이다. 워낙 활동적인 아버지가 세
심한 관리와 주의가 필요한 인공항문 때문에 행동에 많
은 제약을 받을 것을 우려하여 가능한 최후의 방법으로
미루었지만 결국 달게 되었다. 기저귀 역시 자신도 모르
는 사이에 흘러나오는 장내액이 속옷에 묻지 않도록 필

요한 조치였다. 또한 최근 일 년 사이 실내 보행에 어려움을 겪으면서 늘 보행기를 끌고 다닌다. 방에서 부엌으로, 화장실로, 거실로 이동할 때 아버지의 다리를 보조하는 보행기는 인공항문, 기저귀와 더불어 아버지 몸의 일부가 되어 자신의 역할을 톡톡히 해내고 있다.

아버지가 누구인가, 자는 시간을 제외하고는 각종 운동으로 바쁜 할아버지, 하루도 빠짐없이 산책을 가고 장보기, 복지관 외출을 가장 큰 즐거움으로 여기는 할아버지 아닌가. 몸에 달린 요상하고 불편한 것들로 인해 일상에 타격을 받으리라는 가족들의 우려와 예상을 뒤엎고 아버지는 평소와 다름없었다. 가끔 손바닥만 한 크기의 똥주머니가 접착 부실로 터지는 바람에 큰 소동이 일어나기도 한다(소독과 접착이 만만치 않다). 정작 일을 당한 아버지 본인은 돌보는 가족에게 몸을 맡긴 채 평온함을 잃지 않는다. 미안하고 구차하지만 자신이 애를 써도 일어나는 일이니 어쩔 수 없지 않느냐고 웃는다.

그러나 92세의 아버지가 감당하기에는 어려운 소독과 부착 절차, 아무리 조심해도 일어나는 사고, 무엇보다 누군가에게 의존해야 하는 상황과 맞닥뜨릴 때마다 아버지도 많은 생각이 교차하지 않을까 싶다. '이렇게까지

하면서 살아야 하나', '언제까지 버틸 수 있을까', '하필이면 똥 뒤치다꺼리라니' 같은 생각들. 어머니의 손길에 소독을 맡기며(하의를 벗고 똑바로 드러누워야 한다) 미안함과 착잡함이 섞인 아버지의 표정에서 읽을 수 있는 생각들이다. 인공항문 수술 후, 두 달간의 적응 기간 동안 수시로 터지는 인공항문 때문에 몸과 침구, 옷이 더러워지는 사건을 겪으면서 웃음 중독자 아버지도 비참함과 좌절감을 느꼈으리라 짐작한다.

자신이 통제할 수 없는 힘든 상황에 오래 노출된 사람들은 무기력을 경험한다. 오랫동안 몸이 아프거나 불안과 걱정에 장시간 노출되거나 일이나 공부에서 반복적인 실패를 경험한 사람들은 공통적으로 "어쩔 수 없다"는 무기력감을 갖게 된다. 긍정심리학자 마틴 샐리그만은 통제할 수 없는 상황에서 벗어나고자 이런저런 시도를 하지만 결국 벗어날 수 없다는 결론을 내리고 나면, 통제가 가능한 상황에서도 시도조차 해보지 않는 '학습된 무기력Learned Helplessness'이 나타난다고 설명한다. 아무리 노력해도 상황이 바뀌지 않을 것이라는 좌절감으로 실제로 변화가 가능한 상황에서도 자포자기를 해버리는 것이다.

인생을 살다 보면 하고자 하는 일이 잘되지 않아 실

망하고 낙담할 때가 있다. 다른 기회가 와서 일이 잘 해결되면 이전의 실패는 상쇄되고 잊히겠지만 또 다른 시도와 노력에도 불구하고 허탕만 치게 되면 나라는 인간은 안 되는 것인가 하는 좌절과 포기를 느끼게 된다. 자신감이 없고 뭘 해도 되지 않을 것이란 불안 때문에 시도조차 망설이는 사람들을 어렵지 않게 볼 수 있다. 안타깝고 답답하지만 반복적으로 실패를 경험한 사람들에게 각인된 무기력감은 털어내기가 쉽지 않다. 수차례 시험에서 떨어진 사람은 또 떨어질 것이라는 강박적인 생각을 갖게 되고, 연애마다 실패한 사람은 결혼을 포기하게 되며, 지속적으로 따돌림을 받은 사람은 관계 맺는 것이 두려워진다. 학습된 무기력이 가져오는 파괴적 힘이다.

인공항문 때문에 두 달을 고생하던 아버지를 다시금 웃게 만든 것은 아버지표 낙관주의였다. 조절 불가능이란 비관적 생각을 어느 정도 조절할 수 있지 않겠냐는 판단으로 바꾼 뒤 직접 관리에 들어갔다. 간호사나 어머니처럼 세심하게 주의를 기울이지는 못하지만 주머니의 작동 원리를 습득하여 새로운 몸의 일부로 다루기 시작했다. 일제히 멈추었던 각종 운동이 부활하고 외출에도 활력이 붙었으며, 아버지 나름의 요령으로 주머니의 위치와 모양을 바꾸

92세 아버지의 행복 심리학

며 마침내 '더불어'의 생활에 성공한 것이다.

인공항문 때문에 자신의 몸을 통제하기 어려웠던 상황에서 아버지는 비관주의와 체념을 오가다 신속히 낙관주의를 받아들였다. 비록 똥주머니지만 자신의 일상과 즐거움을 포기할 만큼 심각한 것도 아니요, 복잡해 보이지만 다루기 불가능한 물건도 아니요, 남의 손에 맡겨야만 되는 것도 아니라는 생각으로 '어쩔 줄 모르던' 생활을 박차고 일어난 것이다. 똥주머니를 차야 한다는 우울한 생각에서 자신의 말년을 살리는 생명줄이라는 생각으로 전환할 수 있었던 것은 이왕이면 자신에게 유익한 방향으로 생각하자고 아버지 스스로 각성했기 때문이다.

마틴 샐리그만은 무기력을 벗어나는 방법으로 '학습된 낙관주의Learned Optimism'를 소개한다. 해도 소용없다고 차라리 포기해 버리는 무기력한 상황에서 생각과 마음가짐을 긍정적으로 바꿀 수 있는 것은 낙관적인 언어습관이라고 한다. 비관주의자와 낙관주의자가 안 좋은 일에 대해 설명하는 스타일은 정반대다. 비관주의자는 실패했을 때 다른 사람이나 상황을 탓하고 다른 일도 안 될 것이라고 결론 내리는 반면, 낙관주의자는 자신의 책임으로 여기고 다른 일은 잘될 것이라고 예상하며 곧 괜찮아질 거라고 기대한다. "학습된 무기력과 ABCDE 모델Habits for Wellbeing"이란 글에서는 인지심리치료의 ABCDE 공식을 사용하여 부정적인 생각과 언어를 긍정적으로 대치해 나감으로써 낙관적인 사고와 언어습관을 훈련하는 예를 알려준다.

Adversity(역경; 계획한 일이 잘 안 되거나 어려움에 봉착함), Belief(비관적 생각; 될 리가 없지, 해봐야 소용없어, 결국 또 안 될 텐데), Consequence(부정적인 결과; 계속 하기 싫고 동기가 저하됨), Dispute(비관적 사고를 반박; 실패를 단정짓고 결론 내리는 오류를 깨달음), Energization(긍정 언어로 바꿈으로 얻어지는 효과; 다시 희망을 갖고 시작함)의 사이클이다. 비관적인 생각의 모순과 불일치, 그것이 가져오는 악순환을 깨닫고 생각을 돌이키는 방법으로는 긍정적인 자기 대화, 부정적인 생각 떨쳐내기, 부정적인 말 멈추기, 긍정적인 말로 바꾸기 등이 있다. 어려움에 맞닥뜨릴 때마다 떠오르는 부정적인 생각들을 긍정 언어로 바꿔보는 연습이 무엇보다 효과적이다. 더불어 무기력한 상태, 부정적인 생각에 오래 머무르고자 하는 무의식적인 고집과 습관에서 벗어나는 노력도 중요하다.

92세 아버지의 행복 심리학

무기력은 불안, 우울, 두려움처럼 정서적 마비를 가져온다. 자신이 아무런 힘이나 능력이 없다고 판단하여 수동적이 되고 자신감을 잃고 시도조차 하지 않고 포기하며 도움을 구하려고도 하지 않는 상태다. 무기력은 동기, 열정, 활력을 감춰버린다. 살면서 한 번도 무기력을 경험하지 않는 사람은 없다. 우리 인생이 그만큼 힘들고 어렵기 때문이다. 때로는 최선을 다했는데도 원하는 것을 이루지 못하며, 때로는 특수한 상황이나 조건이 걸림돌이 되기도 하며, 때로는 실패가 반복될 때도 있다. 아무것도 할 수 없다고 스스로를 가두면 해야 될 이유, 할 수 있는 것들이 보이지 않는다. 낙관주의 자체가 문제를 해결해주지는 않지만 일어설 힘을 제공하고 새로운 기회의 문으로 안내한다. 아버지에게 불가침영역으로 다가왔던 인공항문이 완전하지는 않아도 스스로 관리할 수 있는 몸의 일부가 된 것처럼 상황과 문제를 타개할 수 있는 방향을 찾아내는 것은 궁극적으로 자신의 몫이다. 마음을 열고 주위를 돌아보면 나를 도울 사람들이 있다는 사실을 기억하면 좋겠다. 무엇보다 의연한 선언이 필요하다.

"무기력은 끝났다!"

지원 체제의 구축

낡고 오래된 연립주택에서 90대 노부부가 사는 것은 만만치 않은 일이다. 전기와 수도의 잦은 고장에, 냉난방이 어려워 더울 때는 더위로 추울 때는 추위로 고생이고, 청소와 자잘한 일들을 신속하고 깔끔하게 도와줄 사람이 없다 보니 두 분이 사는 집은 쾌적한 느낌이 사라진 지 오래다. 30년이란 세월을 함께한 주택의 낙후와 더불어 아버지, 어머니의 몸도 이전처럼 집을 관리하고 깔끔한 생활을 하기에는 역부족이다. 아버지가 무릎의 이상으로 삼층 계단에서 내려오지 못하고, 어머니가 부엌에서 넘

92세 아버지의 행복 심리학

어져 고관절이 부러지는 일 등의 사건 사고가 있을 때마다 노인이 살기에 편안한 곳으로 이사를 권했으나 번번히 아버지의 반대에 부딪혔다. 아버지는 지금 살고 있는 집에서 생존은 물론, 그런대로 삶의 질을 유지할 수 있다고 자신하기 때문이다. 실제로 아버지의 집은 상큼하고 효율적이지는 않지만 노년의 부부만 사는 우중충한 집으로 보이지 않는다. 두 분의 삶도 구질구질하거나 비참하지 않다. 그 결정적인 이유는 아버지 나름대로 주변인들을 적재적소에 활용하는 지원 체제를 마련해 놓았기 때문이다.

아버지는 집안일은 전적으로 어머니에게 의지한다. 나이가 들어서 의지하는 것이 아니라 젊었을 적부터 살림살이의 고장과 수리는 어머니 몫으로 치부하고 아버지는 문제를 제기하는 역할만 담당했다. 전구 가는 일, 전원이 나간 두꺼비집 수리, 화장실 물 새는 것, 변기 막힌 것, 장롱 서랍이 열리지 않는 것, 싱크대가 새는 것 등이 모두 어머니의 손을 거친다. 기계치인 아버지가 제일 스트레스를 받는 일은 자신의 일상에서 무엇인가 작동이 되지 않거나 고장이 나서 불편을 겪을 때다. 아버지는 기계에 두려움마저 갖고 있어서 아버지의 생필품 일호인 TV 리모컨을 잘못 눌러 원하는 방송을 찾지 못하거나 볼륨 등을 내지 못하면 해결사인 어머니를 찾아 문제를 해결한다.

최근 들어 아버지의 화장실 실수가 잦아지면서 속옷과 이부자리를 해결하는 어머니의 역할이 커졌다. 힘에 부치는 어머니를 보며 아버지는 미안함을 금치 못했다. 미안하고 고맙다는 인사를 하루에도 수차례하고, 어머니를 도울 분이 일주일에 한 번 오도록 재정적인 뒷받침을 한다. 전적으로 도움을 받아야 하는 상황, 고맙다는 인사 외에 할 수 없는 상황, 자신을 우선시하게 되는 상황에서 아버지는 가장으로서 재정을 책임지는 역할로 미안함을 대신한다.

자식에게 부탁하는 일이 거의 없는 아버지가 유일하게 도움을 요청할 때는 응급실과 큰 병원에 갈 때다. 평소 자잘하게 아픈 경우에는 약국과 동네 병원에서 스스로 해결하기 때문에 주변에서는 아버지가 아픈 걸 모르고 지나가는 때가 많다. 최근에 발견한 대장 질환 때문에 아버지는 검사와 시술을 위해 세 번이나 입원을 했다. 평소처럼 동네 병원에서 조용히 해결할 수 없는 사태가 벌어지면서 딸과 아들, 며느리가 동원되었고, 의사들의 복잡한 설명이나 지시 사항에 귀가 잘 안 들리는 아버지는 자식과 간병인에게 전적으로 의지했다. 자식들은 아버지를 대신해서 아버지의 상태와 치료에 대한 설명을 듣고 약을 타고 전달하는 역할을 담당했다.

1년 전부터 아버지는 장기요양 4등급을 받아 하루에 네 시간씩 요양보호사가 방문하여 생활을 돕고 있다. 요양보호사가 휠체어를 밀어주어 병원, 노인복지관, 산책을 매일 거르지 않는데, 바깥 생활이 중요한 아버지에게 가장 소중한 시간이다. 요양보호사가 도착하기 20분 전부터 휠체어에 까는 욕창 방지 방석과 요양보호사를 위한 면장갑, 일기 변화에 따른 우비까지 준비한 뒤 외출에 나선다. 아버지의 코스는 집에서 출발, 산책을 거쳐 노인복지관의 체육관까지 도는 것이고 귀갓길에 슈퍼마켓에 들르기도 한다. 병원, 은행, 이발소에도 요양보호사와 동행하며 다각적인 도움을 받는다.

아버지에게 여러 모로 든든한 지원자가 한 분이 더 있는데 바로 아버지의 동생이다. 작은아버지는 다섯 살 아래로 오래전부터 같은 동네에서 살아온 덕분에 이틀에 한 번은 안부를 묻고 사사로운 이야기를 하는 형제이자 친구처럼 지냈다. 서로를 의지하고 크고 작은 일을 의

논하는 끈끈한 형제관계는 주변에도 유명할 정도다. 작은아버지와 더불어 빼놓을 수 없는 지원자는 아버지의 오랜 직장 선배이자 친구다. 94세인 친구와 일주일에 한 번 만나 바둑을 두고 점심을 함께하는 생활을 십 년 이상 하고 있다. 간혹 아버지를 모시러 기원에 들르면 바둑에 열중하며 젊은이들처럼 승부욕으로 흥분하는 두 사람의 모습을 보게 된다. 아버지가 조언이 필요할 때 어김없이 전화하는 사람도 그 친구이며, 친구 또한 아버지에게 같은 역할을 기대한다.

이처럼 아버지는 자신의 삶이 원활하고 외롭지 않도록 주변인들을 적절히 활용하고 도움을 받는 시스템을 구축해 놓았다. 심리학에서는 이를 '지원 체제Support System'라고 말하며 정서적, 실질적인 도움을 받을 수 있는 가족, 친구, 이웃들로 구성된 네트워크를 의미한다. 건강한 사람이라도 스스로가 모든 것을 다하려고 하기보다는 가족과 친구, 동료 등을 효과적으로 활용하여 삶의 효율성을 높이고, 외로움과 무력감에 빠지지 않도록 해야 한다. 사람마다 자신을 지지해주고 도와줄 수 있는 주변인은 다르다. 부모, 형제, 이모 또는 삼촌, 사촌, 교회 친구, 직장 선후배, 친한 친구의 부모님 등 많은 이들이 때에 따라 다른 역할과 도움을 주기 때문이다. 자신이 의지할 수 있고 도움을 청할 수 있는 '지원자 지도Support Map'가 잘 마련된 사람은 어떤 상황에서도 SOS를 칠 수 있다는 사실 자체만으로 삶에 힘이 되고 자신감이 생긴다.

지원 체제는 정서적인 힘이 되기도 하지만 정보와 조언을 제공하는 실용적인 도움을 주기도 한다. 오래전 청소년들을 상담하며 방황하는 그들을 붙잡아줄 수 있는 주변인을 찾아 지원 체제를 갖추려고 한 적이 많았다. '아무도 상관하지 않는다', '도와줄 사람이 없다', '가족도 친척도 없다'는 청소년들에게 급할 때, 힘들 때, 연락할 수 있는 주변인을 찾아 연결해주는 것만으로도 큰 효과를 보았기 때문이다. 역경에서 올라오는 힘, '극복력'에 관해 연구한 결과에 따르면 결핍된 환경에서 자라는 청소년들 가운데 삐뚤어지지 않고 자신의 삶을 잘 꾸려나가는 아이들에게는 부모나 형제를 대신하여 그들이 의지하고 도움을 청할 수 있는 친척이나 친구, 종교단체의 멘토 같은 주변인들이 있었다고 한다. 지원 체제를 만들고 활용하게 되면 삶의 질이 높아지고 문제 대처능력이 올라가는 한편, 스트레스를 줄이고 우울과 불안 치료에도 효과적이다.

자신을 지지해주고 때에 따라 지원해줄 수 있는 주변인들을 만들어 놓는 것은 마치 은행에 예금을 해놓는 것과 같다. 항상 필요하지는 않지만 급할 때나 필요할 때 믿을 수 있는 누군가가 존재한다는 자체로 뿌듯하기 때문이다. 많은 사람들로 구성된 지원 체제를 선호하는 사람이 있을 것이고, 두세 명의 지인들로 구성된 네트워크를 선호하는 사람도 있을 것이다. 아직 지원 체제를 만들어놓지 않았다면 가족, 친구, 지인들 가운데 자신에게 도움을 줄 수 있는 사람들을 뽑아보라. 그 기준은 '자신이 쉽게 다가갈 수 있는 심리적인 안전감과 신뢰를 가지고 있는가?', '긍정적인가?', '비밀을 보장한다는 믿음이 있는가?', '너무 바쁘지 않은가?' 등일 수 있다. 정보가 필요할 때, 정서적인 지지가 필요할 때, 결정을 내릴 때 등 누구에게 어떤 도움을 청하면 좋을지 즐거운 상상을 해보길 권한다. 은행 잔고를 확인하듯 나의 지원 체제를 떠올려보니 부모님, 남편과 두 아이들, 형제들, 친한 친구 몇 명, 그리고 같은 교회를 다니는 지인 몇 분이 생각난다. 얼마 전 심한 독감에 걸렸을 때, 친구들은 당번을 정해 병원에 데리고 가서 영양제를 맞추고 밥을 먹도록 도와주었다. 남에게 신세나 폐 끼치는 걸 싫어하는 자

92세 아버지의 행복 심리학

주독립형 아버지가 스스로 해결할 수 없는 상태를 받아들이고 주변인들을 적절하게 활용하고 교류함으로써 외롭고 무력해지기 쉬운 삶을 좀 더 윤택하게 만드는 기술은 인생의 어느 시기에나 꼭 필요한 기술임에 틀림없다.

2부

두 번째로 좋은 것,

———

이만하면 충분해

이만하면 충분하다

아버지는 까다롭지 않다. 먹는 것도 입는 것도. 그저 주어진 것이 최고라고 생각한다. 모처럼 찾은 식당의 음식이 생각보다 별로라고 해도, 묵으려는 숙소의 시설이 기대 이하라고 해도, 교통 체증으로 예상 도착 시간보다 많이 늦어져도, 못마땅한 표정이나 불만스러운 표현을 하지 않는다. 도인인가 싶을 정도로 평화로울 뿐 아니라 "이만하면 충분히 좋다Good Enough"고 말한다. 아버지의 뇌에는 '가장 좋은 것', '최고인 것'은 다른 사람들과 개념이 다른 듯하다. 아버지는 지금 내가 있는 곳, 먹는 것,

92세 아버지의 행복 심리학

처한 상황이 가장 좋은 것은 아니더라도 '그다음으로' 좋은 것이라고 믿는다. 영어로는 '세컨드 베스트Second Best', 두 번째로 좋은 것도 충분히 좋다는 의미다. 두 번째든 세 번째든 충분히 좋기 때문에 아버지에게는 실망이나 아쉬움보다 즐거움과 유쾌함이 더 많다.

아버지가 '두 번째로 좋은 것도 좋다', '이만하면 충분히 괜찮다'라고 생각하는 이유는 어떤 일이든 너무 높은 기대를 하지 않는 것이 좋기 때문이다. 아버지는 40대 중반에 잘 다니던 공무원 생활을 그만두고 작은 회사의 회계를 보는 평범한 회사원으로 살았다. 아버지는 출세한 공무원 동료들과 오랫동안 절친한 친구로 지냈는데, 공무원이 최고이고 그다음으로 회사원이 좋은 것이라고 생각했기 때문이다. 그들과 자신을 비교하거나 낙오되었다는 생각 대신 자칫 건강 문제로 직업을 구하기 어려운 상황에서도 예상하지 못한 회사원이 된 것으로 충분히 좋았다고 한다. 아버지는 자신에 대한 기대도 별로 하지 않지만 자식들에게도 큰 기대를 갖지 않았다. 고등학교 시절 대학교수가 되고 싶다는 꿈을 말하면 대학교수는 어려우니 중학교 선생님이 맞을 것 같다고 대답하였다. 이런 아버지의 대답 때문에 기분이 상하고 야속했던 기억이 난다. 또한 자식의 결혼도 큰 기대를 걸지 않았다. 기대치가 낮으면 기대보다 잘 살 확률이 높기 때문이라고 한다.

무엇이건 큰 기대를 하지 말고 분수에 맞는 것이 최고라는 아버지의 '분수론' 덕분에 우리 가족들은 욕심 없이 비교적 무난한 삶을 살게 된 것 같다. 너무 높은 기대에 맞추려다 보면 오히려 기대의 덫에 걸리기도 하고, 높은 기대를 달성하기 위해 그만큼 애를 써야 하고, 애쓴만큼 결과가 나오지 않으면 실망과 자책감을 경험하게 된다. 반면 기대가 낮으면 마음이 편해져 자신감과 도전 의식이 생기고, 오히려 기대보다 좋은 결과를 가질 수도 있다. 너무 높지도, 너무 낮지도 않게 기대 수준을 조절할 수 있다면 기대치로 인한 불필요한 정신적 소모를 막을 수 있다.

아버지가 이만하면 충분하다고 생각하는 이유는 지금이 최고의 상태가 아니더라도 버텨내면 기회가 온다고 믿기 때문이다. 회사원의 월급으로는 대가족의 생계와 다섯 명의 자식을 공부시키기에 턱없이 부족했으나, 좀 더 월급이 많은 데로 옮기기보다 한 우물을 파다 보면 기회가 있지 않겠냐는 막연한 기대로 버텼다고 한다.

92세 아버지의 행복 심리학

덕분에 아버지의 건강 문제와 집안 사정을 알게 된 회사 사장은 성실한 아버지에게 장기적으로 편하게 일할 수 있는 기회를 주었다. 그런가 하면 동료들에 비해 일찍부터 고혈압, 당뇨, 협심증 같은 지병이 있던 아버지는 오랜 시간 꾸준한 운동과 식이요법으로 버텨낸 결과, 가장 일찍 죽을 줄 알았지만 가장 오래 사는 사람이 되었다. 아버지는 만족스럽지 못한 상황에서는 더 나은 것을 찾으려고 아등바등하기보다 '버텨내는' 것이 답이라고 한다. 그냥 참고 누르고 기다리는 것이 아니라 열심히 하다 보면 최고는 아니더라도 '두 번째나 세 번째로 좋은 기회'가 올 것이라는 기대를 가지고 말이다. 아버지의 버텨내기는 심리학에서 말하는 '회복탄력성'과 일맥상통한다. 회복탄력성은 오뚝이처럼 바닥에서 튕겨 올라오는 힘을 의미한다. 오뚝이처럼 뒤뚱거리면서도 버티다 보면 균형이 생기고 제자리를 찾는 것처럼 버텨내면 '두 번째로 좋은 기회'를 찾게 될 확률이 높아진다.

아버지는 소극적인 성격 탓도 있지만 무엇이든 최고의 것을 고집하지 않는다. 욕심이 없는 것은 아니고 욕심의 수위를 조절하기 때문인 것 같다. 아버지와 장을 보면 쌓아놓은 물건 가운데 제일 좋은 것을 고르지 않는다.

대충 좋아 보이는 것을 고른다. 식당을 고를 때도 가장 맛있는 집이 어딜까 고민하는 대신 맛은 어느 정도 다 있다며 맛집 찾기를 반가워하지 않는다. 아버지의 말에 따르면 "제일 좋은 것을 찾으려면 그만큼 애를 쓰고 수고를 해야 하는데, 그 과정은 정신적인 소모를 가져올 따름"이라고 한다. 손꼽힐 만큼 최고가 아닌 이상 결국 비슷비슷하며 시간이 지나면 일류와 이류의 구분도 없어지기 마련이다.

아이들이 받아쓰기에서 한두 개를 틀려서 혼을 내면 아버지는 받아쓰기 80점도 곧 100점이 되는 때가 있으니 악다구니를 부리지 말라고 한다. 그런가 하면 원하던 학교에 취업이 되지 않아 낙담할 때, 너무 좋은 학교는 가기 어려우니 좀 낮은 학교를 시도해 보라고 하였다. 욕심에 붙잡혀 있기보다는 욕심의 수위를 낮추는 것이 훨씬 현명하다는 뜻이다.

'이만하면 충분하다'는 심리학자 도널드 위니컷의 '이만하면 충분한 부모Good Enough Parent'에도 나타난다. 부모가 완벽함을 내려놓을 때 자녀는 현실에 대한 적응 능력을 기르게 된다는 뜻이다. 아이가 완벽하게 불편함을 모르고 자라는 것보다 나이에 맞는 어느 정도의 실망과 좌절을 경험하며 견디도록 하는 것이 바람직하다고 한다. 대부분의 종교와 철학, 심리학에서는 여러 가지 다른 표현으로 '욕심'을 내려놓으라고 한다. 논란의 여지없는 정답이지만 참으로 어려운 일이다. 아버지는 "두 번째로 좋은 것도 좋은 것이다"와 "이만하면 충분히 좋다"로 그 어려운 진리를 조금은 풀어낸 것 같다. 〈이보다 더 좋을 순 없다〉라는 영화가 있었다. 오래전 영화지만 이야기도 재밌고 제목도 참으로 매력적이었다. 우리의 일상에서 만나는 순간마다 "이보다 더 좋을 수는 없어" 또는 "이만하면 충분해"라고 말할 수 있다면 인생은 더 유쾌하게 지나갈 것이다.

포기는 곧 얻음

아버지는 포기를 모르는 사나이가 아니라 포기를 잘하는 사나이였다. 자신이 포기를 잘하기도 했지만 자식들에게도 일찌감치 포기를 가르쳤다. 욕심을 부리지 말라는 뜻이기도 하고, 애쓰는 자식이 안쓰럽다는 마음이기도 하겠지만, 한창 공부하며 꿈을 갖는 나이에는 포기하라는 말이 섭섭하기 짝이 없었다. 오래전 교원 모집에 지원한 학교에서 불합격을 통보받고 며칠을 실망감에 사로잡혀 있을 때, 포기하라는 아버지의 한마디는 야속했지만 정신을 차리는 데 쓴 약이 되었다. 사실 아버지가 포기하라고 하는 것은 노력이나 꿈이 아니다. 지나치게 높이 세운 목표를 낮추고, 현실과 동떨어진 이상에 머무르지 말고, 자신에게 맞지 않는 길이라면 다른 길을 찾아보라는 뜻이다.

하지만 아이러니하게도 포기하라면 오히려 포기하고 싶지 않은 오기와 미련이 생기기에 포기가 더 어렵다. 상황을 받아들이는 것이 소극적인 포기라면 적극적인 포기는 포기하고자 하는 용기와 결단, 포기함으로 얻을 수 있는 것에 대한 믿음과 낙관주의가 필요하다.

아버지의 말에 따르면, 포기란 얻음이다. A를 포기하면 B를 얻을 수 있다. 아버지의 과거를 반추하면 '포기는 곧 얻음'의 수많은 사례들을 찾을 수 있다. 공무원을 포기하니 회사원이란 직업을 얻게 되고, 돈을 포기하니 건강을 얻고, 재산을 포기하니 관계 회복을 얻고, 오래 살아야 한다는 생각을 포기하니 장수의 복을 얻게 된 사례들이다. 최근 들어서는 유료 피트니스를 포기하니 무료 체육시설을 얻고, 두 발로 걷는 것을 포기하니 휠체어가 생기고, 식탐을 포기하니 건강을 얻고, 어머니에 대한 원망을 포기하니 연민이 생기고, 죽음에 대한 두려움을 포기하니 마음의 평온을 얻었다고 한다.

아버지의 포기론은 막연한 생활철학이 아니라 삶에서 체득한 "그때는 손해를 보았는데 나중에는 손해본 것으로 인해 얻는 것이 생기고 가끔은 덤까지 생긴다"는 교훈에서 비롯된다. 아버지의 호랑이 담배 피우던 시절로 잠시 돌아가자. 육이오전쟁 때 아버지는 지인에게 상당한 액수의 돈을 빼앗긴 적이 있었다고 한다. 그러나 얼마 후에 돈을 빼앗아간 사람 덕분에 공산당에게 끌려가는 걸 모면했다고 한다. 억울하게 돈을 빼앗겼지만 그 일로 인해 목숨을 얻었다는 것이다. 또 한 번은 수완이 좋은 상사 덕분에 덩달아 큰돈이 생겼는데 얼마 후 그 돈을 할아버지의 갑작스러운 빚을 갚는데 쓰게 되었다고 한다. 예기치 못한 빚잔치로 목돈을 날리게 되었지만 그 덕분에 빚 때문에 잃어버릴 뻔했던 집을 유지할 수 있었다는 것이다. 아버지는 가장 큰 덤은 목숨이라고 믿는다. 40대에 죽을 고비를 넘기고 아흔이 넘었으니 두 배 이상의 시간을 덤으로 살았다고 여긴다. 그로 인해 직장을 그만두고 10여 년간 투병 생활을 했지만 정년 퇴직한 친구들보다 장수를 하고 있으니 더한 보너스가 어디 있겠냐고 한다.

무엇인가를 포기하거나 잃었을 경우를 생각해보자.

92세 아버지의 행복 심리학

우리는 포기한 것, 잃은 것에 집착하여 그 뒤에 따라오는 것을 놓쳐버리는 경우가 많다. 포기한 것 때문에 좌절감과 실패감에 사로잡혀 다른 것을 보지 못하는 경우도 있다. 또한 포기한 것 자체로 실의에 빠져 자신감을 잃기도 한다. 포기가 항상 좋은 것은 아니지만 나쁜 것도 아니다. 포기에 대한 좋다, 나쁘다의 이분법적 시선을 거두고 너무 힘들 때, 너무 안 풀릴 때, 너무 길이 멀다고 느껴질 때, 길을 멈추고 숨을 고르면서 다른 길을 가는 것도 하나의 방법이다. 건강, 자원, 기회의 부족 등으로 계획한 목표를 이루기 어렵다고 판단될 때는 포기가 필요한 타이밍이다. 한 우물을 파는 것도 중요하지만 깊이 파도 물이 보이지 않을 때는 다른 곳을 파는 것이 바람직하다. 같은 시간과 에너지, 자원을 어느 방향에 쓸 것인가의 문제이지 아예 쓰지 않겠다는 것이 아니기 때문이다.

우리가 포기하지 못하는 가장 큰 이유는 '해야만 한다', '하지 않으면 안 된다'는 당위적 생각을 무의식적으로 갖고 있기 때문이다. '내가 하는 일에서 반드시 성공해야 한다', '사람들은 항상 나를 좋아해야 한다', '실수를 하면 안 된다', '이번에 해내지 못하면 큰일 난다' 등의 강박적인 생각이 많을수록 일이든 인간관계든 자신이든 포기가 되지 않는다. '내가 하는 일이 항상 잘될 수는 없다', '사람들이 나를 싫어할 수도 있다', '누구나 실수할 수 있다', '이번에 못 하면 다음 기회에 하면 된다' 등의 유연한 사고를 하면 자포자기식의 포기가 아닌 건설적인 의미의 포기가 쉬워질 것이다. 포기가 어려운 또 다른 이유는 끈기와 인내를 미덕으로 생각하는 '모범생 마인드' 때문이다. 일탈을 경험한 모범생이 후회없이 자신의 길을 가는 것처럼 포기의 쓴맛을 경험하는 것도 긴 인생에서 득이 될 수 있다.

가수 테일러 스위프트는 "포기란 항상 당신이 약하다는 뜻이 아니라 때로 내려놓고 보내버릴 수 있을 만큼 강하다는 뜻이다"라는 멋진 말을 했다. 영어 사전에서 포기를 뜻하는 '기브 업Give Up'의 동의어를 검색하면 'Drop Like a Hot Potato(이 일(사람)이 아니다 싶을 때, 쥐고 있던 뜨거운 감자를 내려놓는 것처럼 얼른 그만두다)'라는 재미난 표현이 있는가 하면 '내려오다'는 뜻의 '스텝 다운Step Down'도 있다. 스텝 다운, 한 걸음 내려온다는 이 말이 포기와 가장 적합한 표현 같다. 포기란 바닥으로 떨어지는 것이 아니라 한 걸음 내려오는 것이기 때문이다.

92세 아버지의 행복 심리학

외모에 신경 쓰는 것도
즐겁다

아버지는 아흔을 넘긴 나이지만 이목구비가 선명하고 검버섯도 많지 않은 데다, 대머리도 아니고 은갈색 머리카락이 적당히 남아 있다. 굳이 비교하자면 옛날 배우 게리 쿠퍼와 요즘 배우 조지 클루니가 반반씩 섞인 할아버지가 된 셈이다. 적당한 체격에 속옷도 다리미질할 정도로 깔끔함을 강조하는 어머니 덕택에 할아버지치고는 단정한 외모를 유지하고 있다. 무엇보다 자신만의 스타일로 의상을 코디하여 어느 때 마주쳐도 안쓰러운 '노인네' 느낌이 아닌 산뜻한 느낌을 준다. 아버지는 양복 바지에 스포츠캐주얼로 윗옷을 매치하는 것을 기본으로 한다. 아버지의 말에 따르면 체면을 생각해서 정장 바지를 입지만 실용성을 고려하여 윗옷은 스포츠캐주얼로 맞춘다는 것이다. 얼핏 시골 할아버지가 연상되지만 아버지가 자신 있게 입어서 그런지 괜찮아 보인다.

실제로 아버지는 여느 할아버지들처럼 옷에 관심이 없다. 자신의 돈을 주고 사는 것은 속옷과 양말뿐이다. 그러나 자신이 어떻게 입고 싶은가와 어떻게 보이고 싶은가를 중요시 여긴다. 대형마트에서 아버지의 옷과 소품을 구입하면서, 아버지가 오랫동안 다져온 확고한 취향이 있다는 것을 느꼈다. 아버지가 찾던 가디건은 집에서 내복 위에도 가볍게 걸칠 수 있는 스타일로, 집에서 내복 바람으로 있기에 누추하기도 하고 손님이 갑자기 찾아오면 얼른 내복을 가리기 위함이다. 가디건과 함께 구입한 것은 아버지가 외출할 때면 잊지 않는 스포츠 모자다. 오랫동안 쓴 흰색 모자가 누렇게 변색이 된 데다가 봄, 가을에는 검은색 계통이 좋겠다고 생각했다.

아버지가 외출하는 곳은 집 근처의 노인 복지관과 슈퍼마켓 두 군데 정도다. 아버지는 매일 가면서도 마치 새로운 장소를 가고 모르는 사람을 만나듯 외출복을 차려입는

92세 아버지의 행복 심리학

다. 동네라고 운동복 차림으로 대충 나가기보다 갖추어 입고 나가는 것을 좋아한다. 리처드 템블러는 "오늘이 제일 중요한 날인 것처럼 입으면 오늘이 그런 날이 된다"고 하였다. 매일 똑같은 외출을 하면서도 자신이 입고 싶고, 보여지고 싶은 대로 차려입는 것은 정성이고 습관이다. 제대로 입으면 자신감이 생길 뿐만 아니라 상대방도 나를 제대로 대한다는 사실을 증명이나 하듯, 비록 몸은 휠체어에 실었지만 아버지는 유쾌한 모습으로 자신을 보여주고 다른 사람들에게도 유쾌한 할아버지로 대접을 받는다. 아마도 상대방의 이런 반응 때문에 아버지는 귀찮더라도 외출복을 잘 챙겨 입는 것 같다.

물건의 수준보다 실용성을 따지는 아버지가 유일하게 고급스러움을 즐기는 것은 운동화다. 구두를 졸업한 지 10년이 넘은 아버지는 에어가 들어간 가볍고 푹신한 조깅화를 가장 좋아한다. 런닝화의 가격을 부담스러워하지만 발목의 부종과 무릎 통증을 줄여주는 최신 운동화를 거절하지 않는다. 모자에 대한 애착도 남다르다. 더위와 추위를 막아주는 모자의 기능을 확실히 경험했기 때문이다. 검소한 옷차림과 대조적으로 질 좋은 운동화와 모자를 좋아하는 아버지가 겉으로 드러나는 점잖음과 품격에 신경을 쓰는 것 같아서 좋다.

지나치지만 않다면 잘 만들어진 좋은 물건 한두 가지에 애정을 가지는 것도 삶의 질을 높이고 풍요롭게 만드는 한 방법이다. 나에게 대접하는 느낌으로 가끔 좋은 물건을 구입하는 것은 의미 있는 낭비다. 너무 저렴한 것에만 집착하고 악착같이 살다 보면 삶이 빡빡해지기 쉽다. 힘든 일이 닥쳤을 때, 억척같이 살아온 삶에 대한 허무와 자기 연민에 빠져 유연하게 대처하지 못하는 경우도 생긴다. 비싸지 않은 것을 선호하는 아버지가 유일하게 부리는 '호사'는 주변을 덩달아 기분 좋게 만든다. 이따금 제대로 차려입은 나를 보여주는 것도 주변 사람들을 즐겁게 한다.

아버지는 머리카락이 별로 없지만 한 달에 한 번씩 동네 이발소에서 이발을 한다. 건조한 피부를 위해 로션도 챙겨 바르고, 교회에는 양복을 입고 간다(운동화, 모자와 함께). 다른 사람에게 깔끔한 인상을 주고 자신의 품위와 자존심을 높이는 일석이조의 효과다. 매일 같은 곳을 가더라도 그 순간을 특별히 여기며 자신의 모습을 갖추는 것은 '지금, 여기'를 소중히 여긴다는 의미다. 주어진 시간을 대충 입는 옷차림처럼 때우는 것이 아니라 특

92세 아버지의 행복 심리학

별한 시간으로 만들어보겠다는 마음이다. 하찮게 넘어갈 수 있는 일상의 작은 부분을 특별하게 만드는 습관은 남은 인생을 그저 그렇게 보내고 싶지 않다는 의지이기도 하다. 아버지가 옷차림에 신경을 쓰고 나갈 채비를 하는 모습을 보는 건 나에게도 즐거운 하루를 보내고 싶다는 마음을 불러일으킨다.

아버지는 좋은 옷, 비싼 옷을 아끼지 않는다. 오늘이 남아 있는 인생 최고의 날이기에 좋은 옷을 꺼내 입는다. 오늘의 삶에 초점을 두고 가지고 있는 좋은 것들을 즐길 줄 안다. 자신이 어떻게 시간을 보내고 싶은지, 무엇을 해야 하는지, 하지 않아도 되는지를 분명히 알고 행동하는 것은 생각보다 쉬운 일이 아니다. 우리는 그냥 주어진 대로 사는 습관을 오랫동안 쌓아 왔기 때문이다. 과거의 후회나 미래의 걱정이 아닌, 내가 살아야 할 오늘에 집중하며 '오늘을 제대로 사는 것'에는 제대로 차려입는 것도 포함된다.

자족은 자유로움에서
시작한다

공짜라면 싫어할 사람은 없겠지만 아버지는 특히 공짜를 좋아한다. 방문한 장소의 주차장이 무료일 때, 원 플러스 원으로 하나를 더 얻을 때, 음식점에서 서비스로 음료수를 줄 때, 아버지의 기쁨은 배가된다. 아버지는 무료 입장도 좋아해서 입장료가 없는 공원, 구민회관 음악회, 노인복지관 건강상담실 등의 애용자다. 최근 아버지와 가장 자주 다녀온 곳은 서울 야경을 볼 수 있는 한강공원과 산책로가 잘 깔려 있는 공원이다. 공원에서 열린 음악회와 주차비가 무료라서 아버지는 정말 뿌듯해했다.

92세 아버지의 행복 심리학

그렇다고 아버지가 무턱대고 공짜를 바라는 사람은 아니다. 정당하게 지불해야 되는 것, 지켜야 하는 순서와 공공질서에는 철저하다. 아버지가 공짜를 좋아하는 이유는 조금만 관심을 가지면 돈을 내지 않아도 즐길 수 있는 것들이 주변에 많다고 믿기 때문이며, 그 기회를 찾는 과정을 즐거워하기 때문이다.

아버지는 돈을 쓰고 물건을 사는 재미를 모른다. 신제품이 나와서 사람들이 다 사용하니까, 주변에서 좋다고 해서 등의 이유가 아버지에게는 통하지 않는다. 아버지가 자발적으로 사는 물건은 속옷과 양말, 모자에 불과하다. 그렇다고 어머니나 자식들의 소비생활을 간섭하지는 않는다. 오직 자신에게만 철저히 적용하는 삶의 규칙이다. 20년을 쓴 아날로그 TV를 최신형으로 바꾸는 것도 상당한 기간의 설득과 주저함을 거쳐야 했다. 오래된 군이 새로운 기능을 갖춘 TV를 살 필요성을 느끼지 못하기 때문이다. 결국 완전히 망가져서야 바꿀 수 있었다.

침대도 20년이 넘은 터라 매트리스가 망가졌는데도 아버지는 불편을 전혀 느끼지 못한다. 불편함과 궁상 떠는 것을 미화시키는 면이 없지는 않겠지만, 지금 있는 것으로 충분하다는 '충분의 철학'이다. 아버지 생신이나 명절에 필요한 물건을 사드린다고 하면 "지금 있는 것으로 충분하다"는 똑같은 답을 듣는다. 아버지는 맛집도 별로 좋아하지 않는다. 더 맛있는 것, 새로운 것, 비싼 것보다는 단골 음식점에서 먹는 익숙한 맛을 더 좋아한다.

'자족自足'이란 지금 있는 것에 만족한다는 뜻이다. 새로운 것, 멋진 것을 알고 있지만 그것의 필요를 절실히 느끼지 못한다. 눈뜨면 새로운 것, 더 진보된 것이 나오는 시대에 그런 것들에 매력을 느끼지 않고 영향을 받지 않고 살기는 어렵다. 한 번 산 전화기를 망가질 때까지 쓰고, 청바지도 무릎이 닳을 때까지 입는다는 생각은 호랑이 담배 피우던 시절의 이야기처럼 들린다. 아버지 같이 구닥다리를 고집하고 지금 있는 것으로 충분하다고 느끼며 살기엔 세상은 너무나 복잡하고 변화무쌍하다. 하지만 더 갖고 싶고 더 해보고 싶은 것에 연연하다 보면, 늘 무엇인가를 쫓아가고 업그레이드하는 데서 오는 피곤과 부담이 밀려올 때가 있다. 가끔씩 그런 것으로부터 자유로워질 때 오히려 평온함을 느껴본 적이 있을 것이다.

무엇인가를 더 소유하고 싶은 것은 지극히 자연스러운 욕구이기에 억누르기가 어렵다. 여력이 되는 한 어느 정도 욕구를 충족시켜주는 것도 삶의 재미겠지만 지나치게 휘둘리면 오히려 굴레가 된다. 무엇인가로 현재를 채우기 위해 애쓰기보다 현재를 들여다보며 이미 있는 것에서 만족감을 끌어낼 줄 아는 것도 자유로워지기 위한 과정이다. 가끔 옷장을 정리하며 안 입는 옷을 치우고, 생각보다 입을 수 있는 옷이 많음으로 즐거워지는 것이다. 냉장고를 열어 냉장고에 쌓여 있는 음식과 재료들을 정리하며 장보기 충동에서 벗어나는 것이다. 바깥에 나가 한 끼를 대충 때우는 것보다 집에 있는 재료로 음식을 만들며 색다른 기분을 갖는 것도 자유로움이다.

'자족'은 자유로움에서 시작된다. 현재의 상태, 이미 가지고 있는 것들로 만족하기 위해서는 끊임없이 무엇인가를 소유하는 데서 자유로워져야 하기 때문이다. 남과 비교하는 것은 자족의 큰 걸림돌이다. 다른 사람들이 가진 최고의 것, 잘 사는 모습, 멋진 것들이 부럽게 느껴져도 그것은 그들의 것, 나는 나의 것으로 인정해주는 것이 자유로움이다. 내가 갖고 있고 이룬 것들을 생각해보고 가족, 친구, 건강, 성격처럼 화려하지는 않지만 공짜로 '나에게만' 있는 것들에 감사할 때, 그것은 강력한 나의 자원이 된다.

자족이 습관이 되기 위해서는 아버지와 같은 요령이 필요하다. 굳이 돈을 들이거나 수고해서 얻어지는 것이 아닌 '주어진' 것에서 즐거움을 찾고 누리는 요령이다. 어느 스포츠용품 광고에서 나온 "바깥을 나가면 나의 세상"이란 문구가 기억이 난다. 집 바깥을 나가면 내가 걸어 다니고 구경하고 쉴 수 있는 공간이 무수히 많고 그것은 모두 공짜로 내게 주어졌다. 주어진 것에 감사하고 누릴 줄 아는 눈이 뜨이면 끊임없는 세상의 소리에서 자유로워지고 자유로움에서 오는 힘과 여유까지 나의 재산이 된다. 너무 큰 즐거움만을 찾는 대신 가끔은 작은 즐거움을 찾아보자. 산책하고, 가끔 카페에 가고, 좋아하는 가수와 배우의 최신 작품을 감상하고, 반려동물과 시간을 보내고, 나만의 공간에서 멍 때려도 보고, 요리도 해보는 등 소소한 행복감을 느끼기 시작하면 자족은 슬며시 찾아온다.

자족은 일시적인 소유와 특별한 경험으로 얻어지는 행복한 상태, 만족스런 상태와는 다르다. 아직은 없는 것들, 이루지 못한 것들을 자연스럽게 받아들이고 이미 있는 것들로 편안한 상태를 의미한다. 현재 처해 있는 상태가 "이만하니 좋다"고 느껴지는 편안함은 저절로 오지 않는다. 자신의 삶을 바라보는 시선을 조금씩 바꾸며 행복을 대하는 새로운 태도를 만들어갈 때, 자족은 나의 삶에 큰 부분을 차지하며 나를 지탱해주는 힘이 된다. 가만 생각해보니 이만하니 좋다. 나 자신도 가족과 친구도, 직장도, 월급도, 생긴 것도, 사는 공간도. 자족은 이런 것이다.

있는 것을 잘 지켜내는 것이
남는 것

아버지는 아흔이 넘은 나이지만 경제적으로 독립적인 생활을 하고 있다. 노인 두 분이 지낸 30년 동안 생활비를 비롯해 병원비, 보험료, 공과금 등을 누구의 도움 없이 두 분이 해결해왔다. 별다른 재산이나 목돈이 없던 아버지의 정기적인 소득은, 살던 집을 세주면서 나오는 집세로 은행 정기예금을 들어 생활을 꾸려오고 있다. 생활하기에는 빠듯하나 대출을 받거나 마이너스통장을 만든 적이 없을 정도로 꼼꼼하게 자산을 관리하고 있다. 30년 넘게 거래하는 동네 은행에서도, 한눈 한 번 팔지 않고

92세 아버지의 행복 심리학

오롯이 정기예금 갱신을 반복하는 아버지를 잘 알아서 새로운 투자 상품을 권유하지 않는다. 예금 액수로 보면 VIP 고객이 아니지만 오랜 세월에 걸친 은행과의 신뢰 관계로 VIP 대접을 받으며 한 달에 한두 번씩 하는 은행 나들이를 좋아한다. 아버지가 은행 갈 때 느끼는 생기와 즐거움은 누구의 힘을 빌리지 않고 자신의 저축으로 생활하는 데서 오는 자긍심에서 비롯되는 듯하다.

아버지의 투자 포트폴리오는 한결같이 세금 우대 정기저축들로 구성되어 1년 만기, 2년 만기식의 단기 저축성 예금이다. 재테크의 관점에서 보면 방어적인 전략으로 수익은 낮지만 장기간에 걸친 안정성과 확실성에 우선순위를 둔다. 있는 것을 더 불리는 것이 아니라 유지하고 지켜내는 방법이다. 금전에 관한 아버지의 신조는 있는 것을 잘 지키는 것이고 동시에 잃어버리거나 낭비하지 않는 것이다. 큰 수익을 기대하면 욕심과 조바심이 따르기 때문에 건강에 좋지 않고 마음도 불편하다고 말한다. 아버지는 회계에도 익숙해서 수익률을 고려하면서도 일정한 한계를 정해놓고 그 이상을 초과하는 것에 대한 유혹에서 스스로를 지키려고 한다. 조기퇴직하고 얼마간의 여유자금이 있는 가장이 주식이나 펀드 상품에 대한 매력적인 권유를 물리치기는 쉽지 않다. 아버지는 '투자하지 않는 것이 남는 투자'라는 믿음으로 초지일관 투자 상품에는 발을 들여놓지 않았다. 분수에 맞지 않는 수익을 바라지 않는 것이 아버지의 인생 전체에 흐르는 전략이다.

방어적인 투자가 위험부담이 적고 안정성과 확실성을 강조하는 것처럼 '방어적 운전', '방어적 식생활', '방어적 라이프 스타일'도 그렇다. 이때 방어적이란 안전주의와 비슷한 뜻으로, 만일의 사태에 준비하고 위험 요인을 파악하여 자신의 안전과 건강, 삶을 지키는 것을 의미한다. 방어 운전 중에 자신이 가도 되는 상황에서 사고를 미연에 방지하기 위해 상대방에게 우선권을 양보하는 것이 있다. 즉, 이미 안전한 상황에서도 한 번 더 안전을 확보하는 여유 있는 태도를 의미한다. 방어적 식생활 Srishti Ghosh Shinde은 엄격한 다이어트나 운동과 달리, 규칙적으로 저지방 위주의 음식을 섭취하고 개인의 활동 수준에 맞추어 양과 종류를 조절하여 체중을 유지하는 방법이다. 먹는 것에 대한 새로운 태도와 라이프 스타일을 강조한다. 방어적으로 살다 보면 얻는 것, 신나는 것, 재미있는 것이 적어질 수 있지만 자신과 주변을 위험에 빠

92세 아버지의 행복 심리학

뜨리지 않고 안전하게 지켜낼 수 있다. 주어진 것, 있는 것을 잘 지켜내는 것은 쉽지 않다. 주변의 유혹과 욕심의 순간에서 자신을 지켜내는 것이 어렵기 때문이다.

아버지에게 '있는 것을 잘 지켜내는 것'은 돈에만 적용되지 않는다. 아버지 자신과 가족을 잘 지켜내는 것 또한 인생의 가장 큰 목적이자 원동력이다. 할아버지의 빚으로 집이 빚쟁이에게 넘어갈 뻔했던 사태를 모면한 것, 동생들의 직장을 구하기 위해 애쓴 것, 조카들이 학교를 마칠 수 있도록 도와준 것 등 아버지의 젊은 시절은 가족을 지켜내는 크고 작은 역사의 연속이었다. 한 가정의 가장으로, 형과 오빠로, 가족들의 안전을 지키고 집을 유지하고 안정된 미래를 만들기 위해서 아버지 몫의 희생과 양보가 필요했다.

아버지는 큰돈을 벌어본 적도 없지만 크게 잃은 적도 없다. 돈을 좀 벌면 쓸 수밖에 없는 상황이 벌어지고 돈을 잃으면 잃은 만큼은 아니어도 어느 정도 회복이 되어, 항상 어느 수준은 유지할 수 있었다고 한다. 그 비결은 과도한 욕심을 부리지 않은 것, 주변의 유혹에 넘어가지 않으려고 애쓴 것, 사고를 일으킬 만한 위험 행동을 하지 않은 것, 사고를 미리 예방하고 대비한 것 등을 꼽을 수 있다. 안전 운전도 같은 원리이고, 건강도 마찬가지 원리로 지켜낸다. 우리 삶도 마찬가지다. 나 자신과 내가 소중히 여기는 것들을 지켜내기 위해서는 과도한 욕심을 경계하고 주변의 유혹을 조심하고 위험이 따르는 일을 멀리하고 자신의 신조를 충실히 따르는 것이 필요하다. 물론 방어적인 삶이 모두에게 정답은 아닐 것이다. 성향과 환경, 여건에 따라 공격적인 삶, 또는 방어와 공격이 균형을 이루는 삶이 맞을 수도 있다. 아버지의 경우 자신의 성격과 가치관에 따라 방어적인 삶을 선택했고 그것을 충실하게 지키고 있다.

92세 아버지의 행복 심리학

나 혼자 잘 산다:
자기충족능력

아버지처럼 나 혼자 잘 사는 할아버지가 또 있을까? TV
프로그램 못지않은 삶이다. 나 혼자 시간을 잘 보낼 뿐
만 아니라 자신에게 필요한 일, 해야 할 일을 슬그머니
알아서 한다. 가족 행사, 병원 검진, 정기예금 만기, 세금
고지서, 요양보호사 월급 등을 주변의 확인이나 도움 없
이 정확히 챙기는가 하면, 자신에게 필요한 것들(약, 양
말, 간식)을 기억해 놓았다가 외출할 때 구입하는 자급자
족을 실천한다. 나 혼자 잘 살기 위해서는 의식주 차원의
생존뿐 아니라 외로움과 권태를 피하기 위한 활동도 중

요하다. 아버지는 복지관의 어르신 헬스, 슈퍼마켓 쇼핑을 일상의 재미와 보람으로 삼는다. 91세까지 만해도 전철을 타고 일주일에 한 번 종로3가 기원으로 정기적인 나들이를 하며 친구와 바둑을 두고 기원 앞 중국집에서 짜장면을 사드시곤 했다. 나 홀로 생활에 결정적인 의식주는 어머니의 도움이 있어 가능한 일이지만, 혼자서도 불편함이 없고 오히려 즐기는 모습은 씩씩하고 독립적이다.

TV 프로그램 〈나 혼자 산다〉에 나오는 싱글들이 사는 집이 제각기 다르듯이 아버지의 방도 전형적인 노인의 살림이지만 아버지의 취향과 편리에 따라 특색이 있다. 아버지와 어머니는 각방을 쓴다. 어머니가 쓰는 안방과 마주보는 아버지의 방에 들어가면, 오른편에 침대와 발마사지용 의자가 있고 왼편에는 옷장과 TV, 무한대로 걸 수 있는 옷걸이가 있다. 침대 머리맡에는 라디오가 두 개, 디지털 시계(숫자가 크고 밤에 잘 보임), 약봉지 박스, 잡동사니통(부채, 손바닥 봉, 가위, 휴지, 안경), 물컵과 간식통이 놓여 있다. 쉽게 손에 닿을 수 있는 곳에 아버지의 모든 필수품이 자리 잡고 있다. 방에 딸려 있는 작은 베란다에는 부피가 나가는 인공항문 소독용품과 아버지가

92세 아버지의 행복 심리학

대량으로 구입한 휴지와 간식이 있다. 방에서 나오지 않아도 많은 것을 자급자족하고 해결하기에 아버지가 어머니를 찾는 경우는 매우 드물고, 어머니 또한 아버지가 방에서 무엇을 하는지 관심이 없다. 함께이자 따로인 평화로운 삶이다.

심리학에서는 자신에게 필요한 것을 스스로 공급하고 결정을 내리고 문제를 해결하는 능력을 '자기충족능력Self Sufficiency'이라고 한다. 다른 사람에게 의지하지 않고 혼자서 판단과 결정을 내리는 상태, 혼자 있는 것이 불안하지 않고 편안한 상태, 다른 사람의 확인, 평가에 의존하지 않는 정서적인 독립을 의미한다. 다른 사람들과 어울리는 것도 좋고 그들의 존재도 중요하지만 혼자여도 외로움을 타지 않고 자신을 돌보고 행복할 줄 아는 상태다. 자신의 필요를 스스로 채울 줄 아는 능력은 자신에 대한 신뢰와 만족이 전제되어야 한다. 자신이 무엇을 원하고 무엇을 해야 하는지 알고, 그것을 다른 사람에게서 찾지 않고 스스로 공급할 수 있는 자원과 자신에 대한 믿음이 있어야 한다.

스스로의 필요를 채울 줄 아는 능력과 성향은 다른 사람들에게 의지하는 의존적 성향과 대조된다. 의존성이란 자신의 심리, 사회, 육체, 재정 등의 욕구 충족을 위해 과도하게 다른 사람에게 의존하는 것을 말한다.[3] 의존적인 사람들은 수시로 다른 사람을 부러워하고 그들이 자신보다 낫다고 여기며 자신의 힘을 믿지 못하고, 다른 사람에게 의존할 때 안전함을 느낀다. 따라서 일상의 작은 결정에도 다른 사람들의 지나친 확인과 인정을 필요로 하며, 자신의 의견이나 생각을 표현하기 어려워하기 때문에 이사, 직업, 배우자 선택 등 중요한 책임이 따르는 일에도 다른 사람들의 조언과 평가에 의존한다. 또한 혼자 있을 때 불편하고 무력해지며 공부나 일을 시작하는 데도 어려움이 있고, 무엇보다 자신이 다른 사람을 필요로 한다는 사실로도 힘들어한다. 의존적인 사람들은 공통적으로 자기 의심과 두려움이 있다. 자신의 상태를 불안해하고, 스스로의 능력과 자원을 믿지 못하고, 실패나 거절에 두려움을 느낀다. 그런데 다른 사람을 찾아서 확인과 도움을 받는 삶은 편리하고 쉽기보다는 긴장과 걱정이 많고 다른 사람도 딱히 정답이 없는 경우도 많아 결국 실망할 수밖에 없다.

　의존적인 경향의 사람들은 다른 사람의 칭찬이나 인정에 민감한 만큼 사소한 비난이나 거절도 크게 받아들이고, 자기충족적인 사람들은 대수롭지 않게 생각한다. 다른 사람이 자신을 알아주든 아니든 큰 차이가 없고 삶의 중심이 자신에게 있기에 외부의 흔들림에 크게 반응하지 않는다.[4] 심리학에서는 삶의 통제권을 자신에게 두느냐, 외부에 두느냐에 따라 사람을 두 가지 유형으로 나눈다. 삶의 통제권을 자신에게 두는 사람들은 자신의 행동과 노력이 상황을 만든다고 생각하기 때문에 다른 사람이나 외부 조건에 별로 영향을 받지 않는 반면, 통제권을 외적인 힘(운, 운명, 재수, 조건)에 두는 사람들은 자신이 할 수 있는 것이 많지 않기 때문에 오히려 불안과 무기력을 느낀다. 아버지는 오랫동안 자급자족의 생활을 하면서 독립적인 라이프 스타일을 만들었고, 누군가의 도움이나 의견보다 자신의 행동과 판단이 가져오는 결과들을 경험하며 자기 신뢰의 삶을 배웠다.

그렇다고 지나치게 독립적인 것이 항상 좋은 것만은 아니다. 혼자 바쁘고 혼자 해결하는 일이 대부분인 탓에, 아버지가 몸이 좋지 않거나 금전적 손해를 보고 나름의 근심이 있다는 사실을 주변에서 알지 못하고 지나가는 일이 종종 있었다. 또한 아픈 걸 참고 아버지만의 민간요법으로 해결하다가 병을 키우고 돈도 더 많이 든 적도 있어서 아버지도 이따금 누군가의 '간섭'이 필요하다는 사실을 깨닫게 된다. 자기충족적인 사람들에게 가끔의 간섭은 반가우나 절대적이지는 않다. 가끔 아버지 방에 들어가 TV를 보거나 간식을 드리면 반가워하지만 그 사람 때문에 자신의 일상을 깨뜨리지는 않는다. 자신의 사생활을 중시하는 아버지는 자식이나 주변 사람들의 사생활도 궁금해하거나 간섭하지 않는다. 가까운 사이라도 자신의 사생활을 지킬 줄 알고 다른 사람의 것도 지켜주는 것이 상호독립적인 관계의 비결이 아닌가 싶다.

나는 오랫동안 해외에서 살았기에 주변에 가족이나 가까운 친구가 없었다. 덕분에 독립적으로 생활하고 문제를 스스로 해결하면서 살아왔다. 혼자서 내린 결정이나 판단이 틀릴 때도 있고 끙끙대고 외로움을 느낀 적도 많지만 스스로에게 친구가 되는 법, 자신을 믿으면서 헤쳐 나가는 법을 익히면서 자신감과 용기가 생긴다는 사실을 발견했다. 다른 사람으로부터 행복, 충고, 조언, 사랑, 인정, 허락 등을 얻는 것에 익숙해지면 나 홀로에 자신이 없고 힘들어진다. 우리는 본질적으로 다른 사람을 필요로 하지만 동시에 자신을 돌보며 즐겁게 살 수 있는 자급자족의 존재이기도 하다. 혼자서 자신의 필요를 채

92세 아버지의 행복 심리학

우고, 스스로 내린 결정과 처신의 결과를 경험하면서 내공을 쌓는 일은 연습이 필요하고 습관으로 이어져야 한다. 무엇보다 혼자서도 편안하고 불안하지 않은 정서적인 독립이 필요하다. '나 혼자 산다'의 본질은 자신에 대한 책임을 늘리며 믿음을 쌓아가는 과정이다. 혼자서 고민하고 결정을 내리고 그것을 책임질 때 자신에 대한, 삶에 대한 힘이 붙는다. 자신이 생각보다 나약하지도 의존적이지도 않다는 사실을 발견하는 것은 생각보다 신나는 일이다.

3부

불편한 마음,

———

감정의 재구성

가장 무서운 적은
자기 연민

후회에는 자기 연민이 따라온다. 후회를 오래하면 '왜 나에게만 이런 나쁜 일이 생길까', '나만큼 힘들고 괴로운 사람은 없다'는 식의 자기 연민에 빠질 수 있다. 자기 연민은 '자신의 슬픔과 불행에 빠지는 것('Merriam Webster 사전'에서 발췌)', '자신에 대한 과도한 연민, 희생자란 생각에 다른 사람의 위로가 필요하다고 느끼는 것('Urban 사전'에서 발췌)'으로 자신의 불행에 몰입하여 스스로 불쌍하다는 마음을 갖는 것이다. 자기 연민에 빠지면 자신만이 힘들고 불행하다는 생각으로 우울과 실패감에 휩

92세 아버지의 행복 심리학

싸이고 원망과 슬픔을 오가며 자신은 물론 주변까지 힘들게 한다. 힘든 일이 일어날 때 어떻게 반응하는가에 따라 삶의 질은 엄청난 차이가 난다. 불행의 무게에 눌려 불쌍한 자신만을 바라보며 신세 한탄과 슬픔에 젖느냐, 아니면 툭툭 털고 일어나느냐에 따라 삶이 달라지기 때문이다.

아버지의 긴 인생을 남자의 입장에서 돌아보면, 40대에 건강 문제로 공무원 생활을 접은 것이 가장 아쉬운 일이 아닐까 싶다. 아버지의 동료들은 승진과 함께 명예롭게 은퇴한 분들이 대부분이기 때문이다. 공무원 생활을 그만두고 찾아온 공황장애로 몇 년간을 고생하면서 아버지가 가장으로서, 또한 남자로서 느꼈을 실패감과 압박감의 무게는 짐작조차 할 수 없다. 요즘에는 공황장애가 얼마나 힘든지 다들 인식하고 있기에 치료가 가능할 뿐 아니라 그것을 이유로 직장이나 사회생활을 잠시 쉴 수 있지만, 1970년대에는 어려운 일이었다.

사실 아버지는 공황장애란 병명도 알지 못한 채 대중교통을 타거나 사람들이 많은 곳에 가지 못했고, 불안과 불면증도 참으면 된다는 생각으로 버텨냈다. 아버지는 혼자 지내는 동안 수없이 많은 생각과 씨름을 했는데,

특히 자기 연민에 빠지지 않으려고 무던히 애를 썼다고 한다. 문득 '왜 나한테만 이런 시련이 일어났는가', '잘못 살지도 않았는데 세상은 공평하지 않다' 같은 생각이 들면 자괴감으로 더 힘들고 무력했다고 한다. 자기 연민이야말로 건강을 회복하고 새롭게 일어나야 하는 상황에 독이 된다는 것을 뼈저리게 느낀 것이다.

자기 연민이 무서운 이유는 습관이 되어 중독될 수 있기 때문이다. 나와 같은 처지의 사람들이 세상에 많을 텐데도 오로지 나의 불행에만 집중하기 때문에 내가 제일 운 나쁜 인간이란 생각에 고정되어 다른 사람들의 상처와 괴로움을 보지 못한다. 그런가 하면, 내가 얼마나 괴롭고 억울한지에 대해 끊임없이 위로와 공감을 얻으려고 하는 탓에 주변을 난처하게 한다. 어머니가 기억하는 아버지의 공황장애는 가끔씩 찾아오는 친구와 약주를 하며 회포를 푸는 정도였고 술김에 울며불며 신세를 한탄한 적은 없었다고 한다.

자기 연민에서 느끼는 슬픔의 특징은 자기몰입적이라는 점이다.[5] 이 세상에서 자신이 제일 힘들고 고통스럽다는 생각에 빠져 그보다 더한 어려움, 다른 종류의 어려움이 있다는 것을 잊어버린다. 그러다 보니 지나간 사

92세 아버지의 행복 심리학

랑, 잃어버린 돈, 구겨진 자존심, 돼먹지 못한 인간들, 한심한 세상 등 과거에 매달리고 세상을 탓한다. 실패감에서 벗어나려면 어느 정도의 자기 위로도 도움이 되지만 짧을수록 좋다. '슬퍼하기', '아쉬워하기', '탓하기'가 습관이 되면 자기 연민은 고질화된다. 자기 연민에 빠진 사람이 옆에 있으면 힘들어지는 탓에 사람들도 거리를 두고 사회적으로도 외로움과 고립감을 갖게 된다. 헬렌 켈러는 "자기 연민이야말로 제일 무서운 적"이라고 했을 정도로 습관적인 자기 연민은 슬픔을 딛고 일어나 새롭게 나가는 길에 방해물이 된다.

아버지와 달리 어머니는 가끔 자기 연민에 빠진다. 대한민국 여자로 태어나 시집살이에 맺힌 한은 이해할 수 있지만 어머니는 시집살이를 모질게 겪어낸 자신이 불쌍하고, 다 못난 자신 탓이었다고 푸념을 한다. 같은 여자로서 어머니가 느끼는 자기 연민에 공감하고 위로하지만 솔직히 자주 듣는 것은 즐거운 일이 아니다. 사람은 특히 몸이 아프면 자기 연민에 빠지기 쉽다. 나만 아픈 것 같고, 아파서 못 먹고 못 일어나니 억울하게 느껴진다. 그러다 병원에서 나보다 아픈 사람을 본 뒤 자기 연민에서 벗어난 경험을 해본 사람이 있을 것이다.

작가이자 마음치유자인 알레시아 루나는 자기 연민에 잘 빠지는 사람들의 특징으로 너무 심각하게 받아들이는 경향, 극단적 사고, 동정심 받기를 좋아하는 경향, 과거지향적이고 감상에 잘 빠지는 경향, 낮은 자존감, 자신에게 쉽게 몰두하는 경향 등이 있다고 말한다. 유독 열심히 살아왔을 때, 불공평함에 좌절할 때, 자기 연민에 빠질 수 있는 한편, 실망과 좌절을 전혀 모르거나 완벽주의로 살아온 경우도 자기 연민에 빠지기 쉽다. 또한 지나치게 감정적으로 문제에 대응하는 경향도 자기 연민을 불러일으킨다. 이런 경향의 사람들은 믿을 만한 사람과의 대화를 통해 자신의 어려움을 객관적이고 균형 있는 시선으로 바라보고 감정적인 반응을 해소하고 절제하는 것이 도움이 된다.

　　알레시아 루나는 자기 연민은 힘든 일과 맞닥뜨렸을 때 느끼게 되는 자연스러운 감정이며 고통스러워하는 자신을 어루만지고 격려하는 데 필요한 자기 방어의 기제라고 설명한다. 또한 실패와 어려움을 받아들이는 과정, 생각과 감정을 추스르는 과정에 필요한 도구이기도 하다. 그러나 지속적으로 자기 연민에 빠지면 심각한 결과를 불러올 수 있다. 자기의 슬픔에만 집중하여 현실과 주변 환경을 객관적으로 보지 못해 소외감을 갖고, 부정적인 감정에 오랫동안 노출되어 우울증, 불안, 자기 학대 같은 마음의 병을 가져오기 때문이다.

자기 연민은 실패와 좌절을 유연하게 감당하지 못하는 데서 온다. 불행과 실망, 고통과 슬픔, 불공평과 불합리가 존재하는 현실에서 실망과 아픔을 적절하게 해소하지 못하면 자기 연민의 늪에 빠지기 쉽다. 힘든 일이 닥쳤을 때 친구에게 털어놓는 것, 노래방에서 맘껏 스트레스를 푸는 것, 술 한잔하는 것, 여행을 떠나는 것 등은 평범하지만 효과적으로 자기 연민에서 벗어날 수 있는 방법이다.

자기 연민의 신호가 오면 자신만이 불행하다는 생각에서 빨리 벗어나야 한다. 자기 연민을 몰아낼 수 있는 사람은 자신뿐이며 슬픔은 몰입하는 것보다 신속히 마음속에서 쫓아내야 다른 것들로 채울 수 있다. 자기 연민의 수렁에 빠지지 않도록 적절한 스트레스 해소 방법들을 동원하여 관심과 에너지를 다른 것으로 전환시키고, 긍정적인 생각들로 마음의 기어를 바꾸어야 한다. 자신에게 집중된 관심과 감정을 다른 사람에게 돌리는 것도 도움이 된다. 주변을 돌아보면 나보다 힘든 사람도 많기 때문이다. 자기 연민 안에서 계속 머무르냐, 아니면 털고 일어나느냐는 순전히 나의 선택이다. 자신을 억울하고 불쌍한 마음으로 보는 대신 따뜻한 시선으로 위로할 줄 아는 것은 다른 사람을 위로하는 것만큼 소중한 일이다.

92세 아버지의 행복 심리학

노 액션, 노 리액션

유순한 성격의 아버지는 평생 누구와 심하게 다투거나 싸운 적이 없다. 아버지가 착하고 소심한 성격을 가진 탓도 있지만 혈압이 오르면 뇌출혈이 재발할 수 있다는 이유로 화를 참고 삭히다 보니 아예 화내기와 멀어져버렸다. 그렇다고 아버지가 다정다감하고 관대하게 상대방의 화를 풀어주거나 먼저 화해를 청하는 분도 아니다. 아버지는 상대방에게 화가 날 때 직접 맞대어 화를 내기보다 혼자서 푸는 것을 습관으로 만들고, 그것을 일관되게 적용하여 아버지만의 대응 기술을 터득한 것 같다. 가족들

은 아버지가 화를 내는 모습을 본 적도 별로 없지만 화
난 사람과 맞붙은 걸 본 적도 없다. 아버지의 말에 따르
면, 화를 내지 않는 게 최선이며 상대방의 화에 맞대응
하지 않는 것은 '더 최선'이라고 한다. 액션만큼 '노 리액
션'이 중요하단 뜻이다. 화난 감정을 시간에 맡기면 어느
새 화란 감정이 묻히고 삭혀진다는 사실을 파악하지 않
았나 싶다.

평생 자식들에게도 언성을 높여본 적이 없는 아버
지가 유일하게 하는 싸움은 부부싸움이다. 젊어서도 알
콩달콩한 부부는 아니었다. 늙어가면서 아버지와 어머니
는 별로 대화가 없을 뿐만 아니라 그나마 다투기 일쑤다.
모처럼 대화를 시작해도 5분이 채 지나지 않아 말다툼이
되어버린다. 아버지의 가르치는 말투와 어머니의 핀잔하
는 말투는 승자도 패자도 없이 결국 언짢은 기분으로 마
무리된다. 싸움의 원인도 시시콜콜한 일들이다. 물건을
찾다가, 할머니 제사를 어떻게 할까 의논하다가, 어머니
가 20년, 30년 전의 일로 훌쩍 넘어가기 때문이다. 화나
는 이유는 서로 다르겠지만, 공통점은 두 분 다 자신을
무시해서란다. 아버지 입장에서는 가장으로 성실히 살아
온 인생에 대한 자부심을 뭉개버리는 어머니가 기가 막

했을 테고, 어머니는 자기만 잘났다고 하는 아버지가 미웠을 것이다. 아흔이 넘어도 변치 않는 부부싸움의 원인은 '자존심'이다.

어머니는 아버지와 다투고 나면 복수전에 들어간다. 얄밉고 야속한 아버지에게 말로 못한 억울함과 화는 어머니가 차리는 밥상에 고스란히 나타난다. 고혈압 때문에 당뇨식을 일찍 시작한 아버지 덕분에 밥상에 대한 어머니의 투철한 헌신은 가족과 일가친척 모두에게 익히 알려진 사실이다. 자타공인 밥상의 여신, 어머니가 화가 난 상태로 차린 밥상은 먹다 남은 찌개와 김치다. 그런데 어머니가 당당하게 이겨야 할 복수는 항상 군말없이 식은 찌개와 김치로 밥 한 그릇을 비우는 아버지로 인해 승자와 패자가 모호해진다. 성의 없는 밥상 앞에서 굴욕감을 느끼며 젓가락을 던져야 하는 시나리오에서 벗어나 아버지는 거뜬히 한 끼를 드시기 때문이다.

어머니의 또 다른 복수는 아버지의 방과 차림새를 며칠씩 방관하는 것이다. 평소 늙은이일수록 깔끔해야 한다며 아버지의 속옷을 삶아 다리고, 겉옷에 음식물이라도 묻으면 얼른 빨아 깨끗하게 하는 어머니지만 화가 나면 아버지의 청결 상태와 외모에 눈길도 주지 않는다. 아버지 방도 옷도 지저분해지지만 이 복수전 또한 어머니의 깔끔한 승리로 끝나지 않는다. 방이 복잡해지든 옷차림이 남루해지든 평소처럼 생활하는 아버지의 무심함 때문이다. 어머니의 복수전이 실패할 수밖에 없는 치명적인 이유는 아버지의 '노 리액션' 때문이다.

어머니처럼 밥상이나 빨래 같은 무기가 없는 아버지의 전략은 액션이 없는 '노 액션'과 반응이 없는 '노 리액션'의 두 가지 방법이다. 자신의 방에 들어가 바둑 채널을 보거나 발마사지 기계를 돌리면서 오랜 시간을 보낸다. 그리고 식사 때가 되면 차려진 밥상에서 혼자 식사를 하고 다시 방으로 들어간다. 평정과 일상을 유지함으로 상대방의 화와 자신의 언짢음이 가라앉을 때까지 기다리는 것이다.

아버지와 어머니의 부부싸움을 지켜보면 '승'도 '패'도 없다. 젊었을 때 파르르했던 성격과 욱했던 성질은 노화와 더불어 사그라들었지만 섭섭함과 분노의 감정이 분명히 남아 있다. 그걸 말씨름으로, 악다구니로 맞설 기력이 남아 있지 않으니 아버지는 아버지의 방식으로, 어머니는 어머니의 방식으로 풀어내는 것 같다. 그것이 찬밥을 주는 것이든, 며칠씩 말을 걸지 않는 고집이든, 상

　　　　　92세 아버지의 행복 심리학

대방에 대한 복수라기보다 자신의 화난 마음, 미안한 마음, 자책감 등을 푸는 방법이 아닐까 싶다. 내가 상대방의 화를 풀어주기에는 역부족이니 내 마음을 푸는 것이 더 낫다고 생각하는 것이다.

노년기에 부부싸움을 하는 이유는 건강, 외로움과 무료함 등으로 서로에게 예민하기 때문이다. 자신의 몸이 좋지 않으면 기분도 좋지 않고 작은 일에도 신경이 곤두선다. 젊었을 때도 대화로 잘 풀어내지 못했는데 나이 들면 상대방의 생각과 감정에 귀 기울이고 맞추는 것은 더 어려울 수밖에 없다. 어느 노부부에게 오랫동안 사이 좋게 지내는 비결을 물었더니, 그냥 상대방의 말에 항상 찬성하면 된다는 답을 내놓았다고 한다. 상대방의 말이 맞고 틀린 것과 상관없이 말에 담긴 감정에 맞장구치라는 말이다. 사실 부부 간의 문제는 해결책의 차이보다는 서로의 마음을 헤아려주는 아량이 부족한 탓에 다툼이 생기는 경우가 더 많다. 가까운 사이일수록 말에 담긴 내용에 촉각을 세우기보다 말 속에 담긴 상대방의 감정에 초점을 두고 맞장구치는 게 좋다. 그러면 한결 기분 좋은 대화가 유지된다. 라디오의 주파수를 맞추면 선명하고 맑은 소리가 나듯이 상대방의 감정에 튜닝하게 되면 불협화음을 줄일 수 있다.

싸움과 화를 푸는 데는 시간이 필요하다. 성격에 따라 시간이 오래 걸리는 사람이 있고 얼른 풀어야 편해지는 사람도 있다. 중요한 건 맞대응은 결국 또 다른 싸움을 불러오고 더 심한 화를 가져온다는 점이다. '타임아웃Time-Out'은 나의 화를 식히는 데도 필요하지만 상대방에게도 화를 소화할 시간을 준다는 점에서 매우 유용하다. 타임아웃을 너무 오래 가질 필요는 없지만 서두를 필요도 없다. 서둘러서 급히 가라앉힌 화는 다시 올라오기 마련이다. 또한 화가 났다고 일상을 팽개치기보다 먹고 일하는 일상을 유지하는 것이 좋다. 일상을 지내면서 자연스럽게 마음의 평정을 회복하기 때문이다. 화도 시간이 지나면 변화할 수밖에 없는 감정이다.

92세 아버지의 행복 심리학

후회도 습관

죽음을 앞둔 사람들이 지나온 삶을 되돌아보며 어떤 것을 가장 후회할까? 호주의 간호사 브로니 웨어는 《죽을 때 가장 후회하는 다섯 가지The Top Five Regrets of the Dying》에서 남들의 기대에 맞춰 사느라 진정한 나 자신으로 살지 못한 것, 직장 일로 너무 바빴던 것, 솔직하게 자신의 감정을 표현하지 못하고 억누르고 산 것, 친구들과 많이 연락하고 살지 못했던 것, 일반적인 습관과 생각에 묶여 좀 더 행복하게 살지 못한 것 등 다섯 가지를 들었다. 그런가 하면 사회학자 칼 필레머는 "너무 걱정하며 살았던 것"이라고 했다. 후회는 우리가 자주 느끼는 감정 중 하나다. 말 실수, 잘못 구입한 물건, 신중하지 못했던 결정, 참지 못하고 욱했던 때, 좀 더 노력하지 않았다는 생각 등으로 누구나 자기혐오와 아쉬움에 빠진 적이 있을 것이다. 후회는 같은 실수나 잘못을 반복하지 않고 자신을 돌아보게 하는 순기능도 있지만 오래 붙들고 있으면 불필요한 죄책감과 자기 비하로 괴로움을 유발하는 역기능도 있다.

아버지는 나이를 많이 먹으면 이전에 후회했던 일들이 더 이상 후회되지 않아서 좋다고 한다. 그때는 그럴 수밖에 없었고, 그것이 최선이었다는 생각이 들기 때문이다. 아버지가 밀려오는 후회 때문에 며칠씩 잠을 이루지 못했던 일은 퇴직금을 투자했다가 날린 일과 자투리 땅을 헐값에 판 일이다. 전자는 큰돈을 벌겠다는 욕심에, 후자는 잘못된 정보에 현혹되어 손해를 보지 않으려는 성급함에 저지른 실수였다. 아버지는 이 일로 자식들의 결혼과 자신의 노후에 관한 계획을 일부 포기하면서 오랫동안 괴로웠다고 한다. 잘못 투자한 회사 근처와 헐값에 넘겨버린 변두리 땅을 지나갈 때마다 괴로운 심정이었고, 그 마음은 오랜 시간이 지나 그 자리에 다른 건

92세 아버지의 행복 심리학

물이 세워질 때까지도 계속되었다고 한다.

아버지가 자식들에게 미안한 마음을 표현하고 싶을 때마다 "그 일만 없었더라면" 하고 되뇌이던 기억이 난다. 후회에 가장 빈번하게 등장하는 말은 "그것만 아니었다면"이나 "그때 왜 그랬을까"다. 바보 같았던 자신과 운도 없는 팔자를 탓하던 아버지가 후회를 멈추게 된 것은 돈 때문에 건강까지 잃을 수는 없다는 갑작스런 깨달음 덕분이었다. 어차피 돈은 잃었고 그로 인해 건강마저 잃는다면 그것이야말로 가장 큰 실패라는 생각들이었다고 한다. 세월이 흐른 뒤에는 그곳을 지나가도 무감할 뿐만 아니라 저것 때문에 건강을 얻어 지금까지 살고 있으니 내 인생의 원수가 아니라 은인이라고 고마워한다. 후회했던 일이 득이 되거나 생각하지 못했던 반전이 되려면 시간이 흘러야 한다. 하지만 반전을 예상하고 확인할 수 없기에 종종 후회에 오랜 시간을 보내고 많은 에너지와 감정을 소모한다. 후회도 자주 하면 습관이 되어버린다.

누구에게나 후회를 불러일으키는 항목들이 있지만 후회는 본질적으로 주관적이다. 다른 사람에게는 후회로 남지 않는 일이 자신에게는 뼈아픈 후회가 될 수 있는 한편, 다른 사람이 후회하는 일에 자신은 초연할 수 있다. 따라서 후회할 일이 아니라는 위로는 섣부르고 도움이 되지 않는다.

아버지는 집안의 실질적인 가장으로서 20세 전에 생활 전선에 뛰어들었고 몸에 밴 근검절약으로 평생을 살아왔다. 아버지의 호랑이 담배 피우던 시절로 돌아가면, 지금의 서대문에서 혜화동까지 1원쯤 하는 전차비를 아끼기 위해 걸어 다녔고 구두 한 켤레, 양복 한 벌로 몇 년을 버티는가 하면 술값과 담뱃값을 아끼기 위해 핑계를 대고 모임에 나가지 않은 것 등 수많은 에피소드의 연속이다. 여태껏 아버지가 자신을 위해 쓴 돈은 병원비 정도다. 죽음을 앞둔 사람들의 공통적인 후회와 달리 아버지는 오랜 근검절약의 습관과 생활 방식 때문에 자신의 삶이 구질구질했다거나 덜 행복했다고 생각하지 않는다. 오히려 자신에게 모질도록 인색했기에 형제와 자식들이 아버지보다 나은 삶을 살게 되었음을 자랑스러워한다. 후회로 마음이 흔들리지 않기 위해서는 아버지와 같은 소신이 필요하다. 왜냐하면 자신은 대수롭지 않아도 주변에서 후회와 아쉬움을 표현하면 혼란스러워질 수도 있기 때문이다.

92세 아버지의 행복 심리학

후회를 많이 하는 사람은 '그 일만 없었더라면', '그 때 다시 한 번 생각했더라면' 등에 에너지를 많이 쓰기 때문에 자책과 죄책감으로 힘든 시간을 보낸다. 후회에서 벗어나기 위해서는 우선 자신에게 관대해야 한다. '내가 왜 그랬을까', '죽고 싶을 정도로 내가 싫다' 같은 자기비하에서 '나에게는 최선이었어', '그런 실수를 하다니 나도 인간이네' 같은 연민의 감정을 갖는 것이 도움이 된다. 또한 자기 탓만 하지 말고 당시에 처해 있던 상황과 환경을 냉철하게 파악하는 것도 도움이 된다. 그 상황에서는 그 선택이나 행동이 최선이었고 다른 대안이 없었을 경우가 많기 때문이다. 특히 정신적으로 힘든 상황이나 예측하기 어려운 일 앞에서는 이성적인 판단과 침착한 행동이 쉽지 않다. 대인관계에서 일어난 일로 후회가 된다면 의외로 상대방은 나의 실수나 잘못을 대수롭지 않게 여기는 경우도 많으니, 사실이 아닐지도 모르는 상황을 상상하고 자책하며 괴로워하기 전에 우선 그 상황을 객관적으로 확인하는 용기가 필요하다.

한편 실수나 잘못한 일에 대해 어느 정도 후회하는 시간을 갖는 것은 당연하지만 오래 얽매이지 않도록 애써야 한다. 후회가 꼬리를 물 때는 머릿속에서 멈춤 신호를 누르고 돌이킬 수 없는 과거의 일, 놓친 기회, 잃어버린 물건 등에서 자신을 떼어내는 것이 중요하다. 비장한 음악을 틀어놓고 감정에 흠뻑 빠지거나 머리를 쥐어뜯는 것은 현명하지 못하다. "후회 끝!"을 선언하며 털고 일어서야 한다. 또한 내가 후회하고 있는 일은 다른 사람에게도 후회가 된다는 사실을 기억하는 것도 좋은 방법이다. 잘못 구입한 물건, 망친 머리, 심지어 남편(아내) 등이 인류의 보편적인 후회 항목이란 사실과, 홧김에 내뱉은 말, 참지 못하고 소리를 지른 것, 문을 쾅 닫은 것 등도 나만 저지르는 일이 아니란 사실에 위안을 받으면 좋다. 후회와 더불어 종종 경험하게 되는 수치심과 창피함은 오로지 '나'만 그랬다는 착각에서 오는 경우가 많기 때문이다. 무엇보다 아버지가 그랬던 것처럼 시간이 흘러야 한다. 시간이 흐르면 그때의 실수와 잘못이 최악은 아니었고 나 또한 생각만큼 바보는 아니었다는 사실을 깨닫게 된다.

우리는 실수와 과오를 통해 뼈아픈 인생 교훈을 얻는 존재들이다. 그 누구도 이 진리에서 벗어나는 사람은 없다. 나의 불완전함을 통해 배우고 성장하기 위해서 후회는 확실하게 하되 짧게 하는 것이 중요하다. 나의 잘

92세 아버지의 행복 심리학

못으로 피해와 상처를 입은 사람이 있다면 용감하게 사과하고 잘못한 나 자신에게도 화해의 손길을 내밀어야 한다.

매우 유연하게

국제 학교에서 상담 교사로 일하던 시절, 학부모에게 아이 문제로 상담을 하고 싶다는 취지의 이메일을 자주 쓰곤 했다. 이메일의 마무리에는 항상 "나의 일정은 당신의 편의에 따라 매우 유연하니 편한 시간을 알려달라"였다. 이때 즐겨 쓰던 표현이 'Super Flexible'이었는데, 유연하다는 뜻을 지닌 'Flexible' 앞에 매우라는 뜻의 'Super'까지 붙여 상대방의 사정에 따라 시간을 낼 수 있다는 점을 강조했다. 학교에 불려오는 듯한 불편한 느낌을 약간이라도 줄이고 아이를 돕고자 하는 기꺼운 마음을 전달하

92세 아버지의 행복 심리학

고자 함이었다. '구부릴 수 있는 정도'와 '쉽게 바뀔 수 있고 다른 것을 할 수 있는 정도'를 뜻하는 'Flexibility'는 심리학에서도 심리적인 유연성, 융통성, 적응성의 개념으로 사용된다. 새로운 환경의 요구에 기민하게 적응하는 능력을 뜻하고 다양한 삶의 변화에 대처하기 위한 삶의 기술로 강조된다. 아버지의 노화 과정을 70대, 80대, 90대별로 자세히 지켜보지는 못했지만 늙어가는 과정에서 생기는 크고 작은 도전에 아버지만의 방법으로 신속히 대처하고 적응하는 기술은 '매우 유연Super Flexible'이란 점수를 드릴 만하다.

아버지는 80대 중반에 처음으로 부엌에 들어가 혼자 힘으로 밥을 했다. 어머니가 허리를 다쳐 한 달간 입원을 해서 자신의 양식을 손수 준비한 것이다. 자식들이 해다 주는 반찬에만 의지할 수 없다는 생각에 김치찌개, 된장찌개, 두부찌개 등을 만들었는데 물 붓고 김치나 감자, 양파 등을 넣고 끓이니 먹을 만했다고 한다. 아버지 본인 외에는 아버지의 찌개를 먹어본 사람이 없으니 맛이 어땠을까 궁금하다. 어쨌든 평생 부엌에 발을 들이지 않았던 아버지의 생존을 위한 큰 변신이었다. 기계치인 아버지는 전기밥솥을 만질 줄 몰라 냄비밥을 하다가 전기밥솥의 취사 단추를 누르고 뚜껑을 열고 닫는 작동법을 익혀 밥을 하는 데도 성공했다. 어머니의 장기 입원이라는 예상치 못한 상황에서 여든이 훌쩍 넘어 난생 처음 밥하고 찌개를 끓이며 식생활을 감당해낸 것이다. 반면 아버지는 주변의 간곡한 조언에도 불구하고 집 가까운 곳으로 체육관을 옮기는 문제는 고집을 꺾지 않았다. 40년간 열심히 다닌 체육관에 가다가 지하철과 버스에서 넘어지는 일을 몇 번 겪고서야 동네 복지관으로 옮길 수 있었다.

아버지가 가장 잘 쓰는 말 중에 하나는 "그럴 수도 있다"이다. 갑작스러운 상황, 황당한 일, 예상치 못한 반응 앞에서 아버지가 흥분하거나 언짢아하는 경우는 드물다. 모든 일에는 우리가 모르는 이유가 있기에 시시비비가 그리 중요하지 않고, 저마다의 사정이 있기에 쉽게 단정지으면 안 된다고 생각한다. 화가 나는 상황을 "그럴 수도 있다"며 태평하게 응수하는 아버지를 보며 젊어서부터 융통성 있고 관대했는지 물어보면 당연히 아니었다고 한다. 오랜 세월을 살아오며 '그럴 수 없다', '그렇게 되어서는 안 된다'라는 절대적인 생각들을 버릴 수밖에 없었던 것은 아버지가 몰랐던 사실, 사정, 상황 등이

92세 아버지의 행복 심리학

많았기 때문이다. "그럴 수도 있다"는 시선으로 보면 일
단 자신의 마음이 편해지고 상대방이나 상황을 보는 관
대함과 여유가 생긴다. 아버지는 사람들에게도 유연하게
반응한다. 아들이 거칠게 운전을 하면 잔소리 대신 젊을
때는 빠를 수밖에 없다고 하고, 특이한 색깔로 염색한 손
녀에게는 개성이 있어 좋다고 하며, 약속을 지키지 못한
사람에게는 자신은 늘 시간이 많다고 한다. 상대방의 입
장이나 관점에서 헤아리고 그럴 수 있다고 인정하는 유
연성은 열린 마음, 관대함으로 이어진다.

우리 삶에는 예측할 수 있는 것과 예측할 수 없는
것이 뒤섞여 있다. 졸업, 취업, 결혼, 이사 등 예상이 가
능한 변화에도 적지 않은 적응이 필요하고 사고, 이혼,
병, 사별과 같이 예측하기 어려운 변화에도 결국 적응해
야 한다. 우리 인생은 작고 큰 적응의 연속이라고 해도
과장이 아닐 것이다. 나는 지난 몇 년간 나라를 옮기는
큰 이사를 세 번이나 하는 바람에 이삿짐을 싸고 풀어야
했고, 세 번이나 병원에 입원을 하는 바람에 갑작스런 투
병 생활을 하기도 했다. 모두 예상하지 못한 어려운 일들
이었기에 그때마다 상황이 요구하는 대로 움직이고 맞
추어야 했다.

심리적 유연성이란 외부의 압력으로 형태가 망가졌을 때 신속히 제 형태를 되찾는 고무줄의 탄력성 같은 것이다. 우리 삶이 갑작스런 변화로 흔들리지 않도록 막아주는 지렛대 같은 것이다. 심리적 유연성이 삶의 변화를 알아차리고 그것에 맞추어 생각과 행동을 바꾸며 자신의 삶을 관리하는 능력이라면, 심리적 경직성은 고정된 생각이나 신념을 고집하여 새로운 상황에 맞추어 자신을 변화시키지 못해 부적응을 초래하는 것을 의미한다. 유연성이 부족하고 경직성이 높은 사람은 걱정과 염려가 많으며 능력을 발휘하지 못하고 삶의 질도 낮아진다고 한다. 또한 자신의 기대나 기준, 가치에 부응하지 않는 것들에 대해 쉽게 좌절과 불안을 경험하며 다른 관점에서 보는 것과 불확실하고 불편한 것을 힘들어한다.

더 이상 혼자 힘으로 걸을 수 없게 된 아버지도 휠체어를 타야 한다는 상황 앞에서 두 가지의 선택이 있었을 것이다. '이제 내 인생은 여기서 끝났구나', '더 살아 뭐할까', '앞으로 어떻게 살란 말인가' 같은 경직된 생각과 '휠체어를 타는 새로운 인생이구나', '더 살 수 있겠다', '내 인생에도 휠체어를 타는 일이 일어날 수 있구나', '휠체어에 적응해서 좀 더 살아 봐야겠다'는 유연한

92세 아버지의 행복 심리학

생각이다. 예상하지 못한 상황이나 변화에 유연하게 대처하기 위해서는 무엇보다 새로운 상황을 긍정적으로 생각해야 한다. 그리고 자신이 세워놓은 기준과 기대에 너무 얽매이지 않아야 한다. 변화를 좋다, 나쁘다는 식으로 쉽게 단정짓는 대신 지켜보면서 방법을 찾겠다는 느긋한 마음이 중요하다. 꾸준하게 운동을 하면서 근육을 유연하게 만들고 사고와 퇴화를 예방하는 것처럼 마음의 유연함을 기르는 것은 불확실한 삶에서 흔들리지 않고 의연하게 살기 위해 필요한 삶의 기술이자 힘이다. 유연함을 가지면 세상은 더 다채로워지고 불편이 아닌 재미로, 방해나 두려움이 아닌 도전으로 다가온다.

나를 위한 열등감

아버지에게는 남모르는 열등감과 남도 잘 아는 열등감이 있다. 남모르는 열등감은 아버지가 색깔을 구분하지 못하는 색맹이란 사실이다. 아버지가 어떤 색깔을 구분하기 어려운지 정확히 알 수 없지만 색맹인 것은 틀림없다. 몇 년 전 가을 남이섬에 갔을 때 섬 가득한 은행잎을 보며 아버지는 빨간색과 초록색은 구분이 어렵지만 노란색은 잘 보인다고 고백한 적이 있다. 자신이 색맹이란 사실조차 잊고 사는 아버지가 젊은 시절 그 문제로 취업이나 일상에서 어떤 어려움을 겪었는지 알 수는 없다. 한편 아버지의 남동생은 의과대학에 입학했다가 색맹 때문에 탈락해서 색깔 구분이 치명적이지 않은 교사를 거쳐 자영업자로 일했다. 아버지는 91세에 안과 정밀검사를 받고 노화와 더불어 더 많은 색을 알아보지 못한다는 결과를 받았지만 사는데 많은 색깔은 필요하지 않다고 하였다. 산책을 좋아하고 외모에도 신경을 쓰지만 색맹은 별 영향을 미치지 못하니 색맹이 큰 열등감은 아닌 듯하다.

반면 자신도 최고의 약점으로 인정하고 가족이라면 다 아는 열등감은 아버지가 엄청난 기계치라는 사실이다. 전구 가는 일, 전원이 나간 두꺼비집 수리, 화장실 물 새는 것, 변기 막힌 것, 심지어 장롱 서랍이 안 열리는 일 모두를 무척 어려워한다. 기계치라는 열등감을 가진 아버지가 사는 방법은 두 가지다. 어머니에게 부탁을 하거나 좀 불편하게 사는 것이다.

또한 아버지는 자타공인 음치다. 가족들은 아버지가 술김에라도 흥얼거리거나 찬송가 한 구절(교회에 다니지만)을 부르는 것도 들어본 적이 없다. 가수 심수봉의 팬이지만 노래를 따라 부른 적도 없다. 어머니의 말에 따르면, 공무원 시절 수많았던 회식 자리에서도 아버지는 입 한번 뻥긋하지 않았을 것으로 추측한다. 가족 중 아무도 아버지의 노래를 들어본 적이 없으니 누구나 인정하는 약점이 아닐까.

일반적으로 열등감이란 자신이 남보다 못하거나 부족하다는 생각에서 오기 때문에 살면서 누구나 느끼는 자연스러운 감정이다. 초연하다면 오히려 이상한 일이다. 열등감을 불행의 원인처럼 여기지만 원래 나쁜 감정이 아니다. 심리학자 알프레드 아들러에 따르면, 열등감은 자신의 약함, 부족함을 극복하고 보상하기 위한 보편적 감정으로 더 나은 자아와 삶을 향한 동기와 노력을 불러일으킨다고 한다. 불완전함, 약함, 의존감 등은 어릴 때부터 자연스레 가지는 감정으로, 열등감을 극복해가는 것이 곧 어른이 되는 과정이며 성인이 되어도 어느 정도 경험하는 정상적인 감정이라는 것이다. 문제는 자신의 한계와 부족함을 받아들이지 못해 열등감에 사로잡히거나 견디지 못하는 경우다. 열등감에 사로잡혀 사는 사람들은 몇 가지 특징이 있다. 끊임없이 남과 자신을 비교하고 인정과 칭찬에 과도하게 집착하는 한편, 현재 상태에 만족하지 않기 때문에 불안과 스트레스에 취약하다. 다른 사람의 평가에 지나치게 민감하고 죄책감, 창피함, 시

기심을 자주 느끼고 항상 다른 사람을 비판하는 경향이 있다. 인간관계에서도 편안함을 느끼지 못한다.[6]

아버지는 분명 열등감을 갖고 있지만, 열등감에 사로잡히지 않는 이유가 있다. 열등감은 비교를 통해서 생기는 감정이기 때문에 누군가와 비교하지 않는다면 콤플렉스로 연결되지 않는다. 노래를 못하지만 노래 잘하는 사람과 비교하지 않는다면 굳이 열등감을 가지지 않는다. 친구가 별로 없지만 친구 많은 사람과 비교하지 않는다면 열등감이 되지 않는 것도 마찬가지다. 기계 만지는 것에 열등감이 있는 아버지가 남자로서의 자신감에 타격을 받거나 위축되지 않는 것은 '남자=기계'라는 정형화된 생각이 없을 뿐더러 오히려 기계를 다룰 줄 아는 어머니 덕분에 그다지 불편하지 않기 때문이다. 자신에게 부족한 것에 집착하기보다 그 부족함을 채워주거나 간접적으로 만족감을 느낄 수 있는 시스템을 마련해 놓으면 열등감을 지혜롭게 해소할 수 있다.

돈과 건강에 대한 열등감은 조금 다른 문제다. 아버지는 돈에 대한 열등감에서 벗어나려고 하기보다 열등감과 함께 사는 방법을 선택한 것으로 보인다. 노후를 위해 투자한 큰돈을 잃었을 때 그래도 살 정도는 되지 않겠냐는 의미의 '이만하면 충분하다Good Enough'로 생각을 전환한 것이다. 40대에 찾아온 큰 병으로 인해 직장과 일상에 많은 제한이 있었던 아버지가 건강에 열등감이 없었다면 거짓말일 것이다. 건강 악화에 대한 불안과 열등감을 떨쳐내는 방법으로 꾸준한 운동과 식이요법을 실천하며 평생 건강에 신경 쓰고 산 것은 오히려 전화위복이 되었다. 자신이 태어난 조건(외모, 가정 환경, 재능)은 기회가 될 때 조금씩 바꿔가고, 바꿀 수 없는 것들은 그 영향을 지혜롭게 최소화하면서 사는 것이 삶의 방법이다.

흔히 열등감이 많은 사람은 성격이 꼬이고 비딱하다고 한다. 열등감을 감추고 방어하다 보면 자연스럽지 못하고 어딘가 과장된 면이 나타나기도 한다. 알프레드 아들러에 따르면, 열등감을 적절히 해소하고 극복하지 못하거나 극단적인 방법으로 해소하면 인격의 왜곡이 생긴다. 키가 작든, 학력이 부족하든, 내세울 것이 없든, 열등감을 일으키는 것들 또한 어쩔 수 없는 나의 일부이며 조건이고 불공평하지만 그것을 받아들여야 한다. 그런데 인생은 본질적으로 불공평하지 않은가? 불공평하다는 이유로 세상에 대한 원망과 자기 비하로 열등감을 쥐고 사느니 그들은 그들의 것으로, 나는 나의 것으로 살

92세 아버지의 행복 심리학

면 되지 않겠냐는 결심은 나를 위한 지혜로운 선택이자 책임이다.

심리치료에서는 열등감을 억누르거나 감추는 대신 열등감의 실체와 대면하고 자유로움을 느끼라고 한다. 자신이 어떤 부분에 취약한가, 무엇에 열등감을 느끼는가를 알고 있다면 열등감을 유발시킬 수 있는 상황에 맞닥뜨리더라도 영향을 덜 받는다. 열등감을 느낄 만한 상황은 피하고, 열등감 대신 좋은 영향을 주는 사람들을 주변에 두면 좋다. 또한 자신의 열등감을 공개하면 상대방의 열등감도 알게 되고 동지의식을 쌓을 수도 있다. 열등감이 보편적인 감정이란 사실에 안도감을 느끼기 때문이다. 그러나 마음속 깊은 곳의 열등감은 쉽게 없어지지 않는다. 자신의 성향, 주변의 기대, 어린 시절의 상처, 실패, 이루지 못한 꿈, 현실에 대한 책임, 낮은 자존감 등과 더불어 오랫동안 마음속에 새겨졌기 때문이다. 이것들을 풀어내는 시작은 자신의 열등감이 어디서 왔는가, 어떻게 영향을 미쳤고 미치고 있는가, 열등감으로 인해 하지 못하는 것들은 무엇인가 등을 정리하는 작업이다. 상담 전문가나 지인의 도움을 받는 것도 좋다. 열등감의 깊은 뿌리와 현재의 나 사이의 고리를 풀면서 열등감을 작게 만들기 위한 목표를 세우고 하나씩 실천하길 권한다. 분명 극복되는 것도 있고 그렇지 않은 것도 있다. 열등감은 맞닥뜨리지 않고 성과를 보지 않고서는 없어지지 않는다. 작고 큰 노력을 기울이고 조금씩 변화와 성취감을 경험하기 위해서는 인내심, 긍정적인 생각, 희망이 필요하다. 시간이 지나면 열등하다고 느꼈던 것들이 어느덧 다른 모습을 하고 있는 때가 많다. 많은 노력을 해도 극복되지 않는 열등감은 어떻게 할까? 받아들이고 함께 살아가는 수밖에 없지 않을까.

열등감은 급하게 마음속에서 쫓아내야 할 무엇이 아니다. 분명 그 존재가 유쾌하지는 않지만 숨기고 감추는 대신 알아주고 보듬어주고 때로는 도전하며 함께하는 것이, 탁월한 사람이 많은 이 세상에서 꺾이지 않고 나의 페이스에 맞추어 살아가는 기술이 아닐까 싶다. 아버지처럼 열등함을 열등감으로 생각하지 않고 태연하게 사는 것이 나이가 들어서만 가능한 일은 아닐 것이다. 부족함이 없는 삶은 없다. 부족함을 마음의 짐으로 여기고 사는 것과 그렇지 않은 것의 차이가 있을 뿐이다.

92세 아버지의 행복 심리학

플러리시,
행복과 웰빙의 비결

아버지처럼 외출을 좋아하는 할아버지가 또 있을까? 자다가도 "산책!" 소리에 벌떡 일어나 옷을 입는다. 자신을 데리고 나가는 상대방에게 미안한 마음이 있지만, 입으로는 안 가도 된다고 하지만, 손은 양말을 신고 있다. 자식이든 누구에게든 신세 끼치는 걸 제일 싫어하는 아버지가 가장 뻔뻔스러울 때다. 보행에 어려움이 생긴 90대부터는 휠체어를 밀어주는 사람에게 전적으로 의존해야 하면서도 외출에 대한 열망을 꺾지는 않았다. 날이 궂어서 외출이 어려우면 아버지는 풀이 죽고 심지어 비나 눈이 올 때도 외출을 거절하지 않는다.

그렇다고 아버지가 특별한 곳으로 외출하는 것은 아니다. 노인복지관과 슈퍼마켓이 항상 정해진 외출 장소다. 집 근처 산책길과 동네 한 바퀴, 이따금 차를 타고 공원에 가는 정도다. 병원이나 은행 같은 특별한 볼일을 제외하고 아버지의 외출은 규칙적이고 일정하다. 외출을 하지 않으면 답답하고 불편한 일종의 금단현상까지 생긴다. 2년 전, 장기요양 4등급 판정을 받아 요양보호사 자격 심사를 받게 되었을 때 아버지는 그 어떤 도움(청소, 식사, 목욕, 병원 가기 등)보다 외출을 원했다. 자신에게는 제대로 씻고 먹는 것보다 외출이 보약이라는 소신을 피력하였다.

하루 두세 시간의 외출 효과는 두말할 여지가 없다. 무거웠던 머리, 몸 결림, 무릎 통증, 화장실 가고 싶은 충동 등이 상큼하게 호전되며 기분이 좋아지고 재충전된 에너지로 정신적인 충만함을 경험하게 한다. 강아지와 비교하면 죄송한 일이지만 외출을 즐기는 이유는 둘 다 비슷한 것 같다. 우선 제한된 실내 공간에서 쌓인 에너지를 발산하는 동시에 답답함과 스트레스가 풀린다. 바깥 구경, 세상 구경, 사람과 풀과 나무 구경 등을 즐기며 호기심과 궁금증을 해소하며 뇌 운동을 하고 자신이 살아 있고 행복하다는 충만감까지 얻게 된다. 그래서 외출 후에 즐기는 아버지의 낮잠은 보는 이마저 행복한 평안과 쉼의 시간이다. 가족들은 아버지의 외출 중독이 몸에 무리가 되는 건 아닐까 우려의 시선을 보내지만 아버지는 아랑곳없이 날마다 나들이를 나가며 신나고 즐거운 산책 이상의 의미를 쌓는다.

긍정심리학에서는 '번성하다'는 뜻의 '플러리시 Flourish'라는 표현을 빌어 순간의 즐거움 또는 잘 먹고 잘 사는 단순한 웰빙을 넘어서 진정한 행복과 웰빙의 요소를 제시하고 있다. 긍정심리학자 마틴 샐리그만이 말하는 행복과 웰빙의 비결을 아버지의 일상에서 찾아보았다.[7]

우선 긍정적인 감정(뿌듯함, 편안함, 재미, 유쾌, 즐거움 등)을 일상에서 많이 느껴야 한다. 자주 웃고 즐거워지는 활동에 심취하고 유쾌한 분위기에서 지내며 감탄과 만족을 자주 느끼면 긍정적인 감정들이 일상을 지배한다. 별 감정 없이 무심하게, 무감하게 지나가는 일상에 긍정의 정서를 불어넣는 것은 쉽지 않지만 반대로 어렵지도 않다. 어렵게 생각하는 이유는 기분 좋은 마음을 유지하기 위해 매 순간 의식적인 노력이 필요하고 주변의 상황에 마음이 흔들리지 않아야 하기 때문이다. 모처럼 즐거운 활동을 했는데 심란한 전화나 문자 한 통으로 유쾌한 기분이 무너진다면 소용없지 않은가. 걱정되고 심지어 화나는 일이 있어도 "패스!" 또는 "잘되겠지!" 하는 마음으로 일상에 심어놓은 즐거움에 몰두하는 것이 좋다. 일단 습관으로 만들어버리면 즐거운 기분이 자동적으로 반응한다. 아버지가 궂은 날씨에도 불구하고 외출을 감행하는 것은 '외출＝몸과 마음의 근심, 걱정을 잊게 해주는 즐거운 활동'이란 코드가 입력이 되어 있기 때문이다.

플러리시의 상태를 가져오는 두 번째 비결은 몰입과 관여다. 특정 활동에 관심과 흥미를 갖고 열심히 하면서 흥분, 만족, 자신감, 경이로움 등의 감정을 경험하는 것이다. 몰입은 에너지를 한 가지에 열중하면서 어떤 활동과 하나되는 것, 일체감을 느끼는 것을 의미한다. 영화나 책을 보면서, 운동을 하면서, 창조적인 활동을 하면서, 시간 가는 줄 모르고 집중하는 것은 행복감에 도달하는 방법 중 하나다. 바둑과 운동에 대한 아버지의 열정과 집중은 아이들이 게임이나 음악에 쏟는 에너지와 흥분에 못지않다. 바둑에 열중한 아버지의 모습에서 사춘기

소년의 열정이 느껴진다면 과장일까. 아버지가 각별한 애정과 노력을 기울이는 운동은 노년기의 자기 관리 이상의 의미를 갖는다. 운동을 통해 갖게 되는 '살아 있는 느낌'은 투병으로 지친 아버지의 몸과 마음을 살리고, 운동에서 느끼는 재미와 자신감은 좀 더 살아야겠다는 이유로 이어지는 것 같다. 비슷한 맥락에서 관여는 어떤 일이나 대상에 진지하고 적극적인 관심을 갖고 상호작용하는 것을 의미한다. 외출하면서 만나는 길거리 풍경, 사람들, 가게에 진열된 물건에 관심과 호기심을 갖는 것은 마음대로 돌아다닐 수 없는 아버지가 세상과 관여하고 소통하는 방식이다. "좋다"는 감탄사를 연발하고 감격하는 아버지와 달리 나는 무덤덤하고 특별한 재미를 모르고 산다. 요리, 운동, 심지어 한두 가지의 취미 생활도 빨리 해치워야 된다는 생각에 진정한 몰입이 되지 않기 때문이다. 아버지는 이런 나에게 '슬슬' 해보라고 한다. 빨리 마쳐야 된다는 생각, 잘해야 된다는 생각을 버리면 여유와 재미가 따라온다.

세 번째는 자신보다 더 중요하다고 믿는 것에 의미를 추구하면서 오는 행복감이다. 자신에게 집중되어 있는 삶은 공허와 실망으로 쉽게 흔들리지만 자신이 아닌

다른 사람, 이웃, 공동체에게 마음을 쏟고 도우려는 삶은 보람과 활기로 이어진다. 대부분의 할아버지, 할머니처럼 일평생 자신보다 가족과 일가친척을 우선시했던 아버지가 할아버지가 되어서도 그들에게 마음을 쓰고 힘닿는 대로 돕는 모습에서 행복감이 느껴진다. 얼마 전 막내 남동생이 허리 수술을 받았다는 소식을 듣고 아버지는 사무용 가구점에서 허리에 좋은 의자를 골라 선물했다. 아버지가 직접 고른 의자를 배달하며 80대의 동생을 향한 90대 형의 세심한 마음이 느껴졌다. 때에 따라 사촌, 오촌 형제들의 안부를 묻고 도움을 자처하는 아버지에게서 책임과 부담감보다 그 과정을 중요시 여기고 즐거워하는 모습이 보인다. 주변을 챙기고 돕는 것이 의미 있고 즐거운 일이 되려면 그것을 당연한 나의 몫으로 여겨야 한다. 자신의 삶에 다른 사람과 공동체를 들여놓는 일은 삶의 폭이 넓어지고 더불어 '나 중심'의 삶에서 느끼기 어려운 좀 더 깊은 행복감으로 가는 길이 아닌가 싶다.

네 번째는 가족, 친구, 이웃 등과 친밀하고 긍정적인 관계를 맺고 살아가는 것이다. 대부분의 시간을 혼자 지내고 만날 사람, 찾아올 사람이 확연히 줄어든 아버지가 외롭고 초라해 보이지 않는 이유는 주변에 든든한 지원군이 있기 때문이다. 아버지는 생각만 해도 든든하고 마음이 편한 가족과 친구가 있다는 사실을 자랑스러워 한다. 반대로 가족과 친구는 어떻게 느낄까? 조용하고 독립적이며, 참견과 잔소리를 하지 않고, 항상 고맙다는 인사를 하고, 무리한 요구를 하지 않는 아버지를 함께하기 편한 사람으로 생각하지 않을까. 가족을 비롯한 주변인들과 친하고 좋은 관계를 만드는 사람들의 특징은 유쾌하고 재미있거나, 베풀고 친절하거나, 느긋하고 편하거나, 긍정적이고 지지적이거나 등 다양하다. 아버지는 자신의 성향과 '노인'이라는 상황에 맞게 '참견하지 않고 요구하지 않는' 쿨함으로 자신을 각인시키고 주변인들도 그 모습의 아버지를 좋아하는 것 같다.

사람마다 차이가 있지만 가끔 행복을 느끼고 이만하면 잘 사는 것 같다고 느끼는 것은 그다지 어렵지 않다. 좋은 친구를 만나고 맛있는 음식을 먹고 취미 활동을 하며 반려동물과 시간을 보내고 누군가를 도와주는 일처럼 즐겁고 뿌듯함을 주는 일들은 많다. 이런 행복은 쉽게 오기도 하지만 쉽게 사라지기도 하는데 그 이유는 '~하면', '~할 때' 행복해진다는 조건을 전제로 하기 때문이다. 플러리시, 진정한 행복의 상태를 유지하기 위해서는 굳이 조건을 달지 않아도, 상황을 만들지 않아도, '꾸준한' 자신만의 일상 속에서 즐거움과 만족, 의미와 친밀감을 느껴야 한다. 그러한 일상을 만들고 실천하는 것, 행복감을 발견하고 이어가는 것은 작고 가까운 데서 행복을 추구하는 사람들만의 비결이다.

렛 고,
잊어버리고 내려놓기

디즈니 만화영화 〈겨울왕국〉의 주인공 엘사는 저주받은
운명을 떨치고 홀로 얼음왕국에서 살겠다는 결심을 '렛
잇 고Let It Go'라는 주제가로 노래한다. "렛 잇 고"를 외치
며 얼음 계단을 비장하게 올라가는 엘사는 세상과 차단
된 채 어두운 방에서 살아가던 과거에 더 이상 얽매이지
않고 새로운 출발을 외치는 용기의 아이콘이다. 'Let Go'
는 '잊어버리다', '붙잡지 않는다', '놓아준다'는 뜻으로
과거의 상처나 실패에 얽매이지 않고 훌훌 털어냄으로
써 마음의 짐을 덜고 자유롭게 앞으로 나아가는 것을 의

미한다. 심리학 용어가 아님에도 집착을 내려놓고 실연, 실망, 실수 등에 매이지 말고 극복하라는 의미로 많이 사용된다. 아버지의 "안 좋은 일은 빨리 잊어버리는 게 좋다", "지난 일은 덮는 게 현명하다"라는 인생철학은 렛고의 정신과 일맥상통한다.

돈, 사랑, 명예, 정의, 권력, 예술, 방랑 같은 또래 사나이들의 인생 주제에서 아버지의 화두는 단연코 '돈'이었다. 자수성가형 아버지는 부모님과 네 형제의 생계와 학업을 책임지는 17세 가장으로 시작해서 뇌출혈이 왔던 40대 초반까지 앞만 보고 달렸다. 공무원으로 일하며 형제와 자식들의 등록금이 인생의 단기, 장기 목표였던 젊은 날이었다. 70대의 아버지와 시골 여행을 다니던 시절, 산길과 오솔길을 걸으며 풀어놓았던 과거 이야기는 전부 돈과 관련된 아련한 추억이었다. 가까스로 돈을 마련해 고모의 등록금을 낸 기적 같은 일, 돈이 없어 삼촌의 등록금을 해결하지 못하고 전전긍긍했던 일, 수완 좋은 친구 덕에 돈을 늘려 날아갈 것 같았던 일, 모아놓은 돈을 허망하게 날린 일 등 아버지의 머릿속에는 돈이 가장 중요한 주제로 각인되어 있었다. 빠듯한 생활에서 조금이라도 돈을 늘릴 수 있는 방법을 찾다 보니 돈으로 인한 기

92세 아버지의 행복 심리학

뻠과 슬픔의 역사가 오랫동안 지속되었던 것 같다.

그러다 보니 아버지에게 한으로 남는 일 또한 돈을 잃고 손해를 보는 일이었다. 한 푼 모은 일로 기뻤던 순간만큼 한 푼 잃은 일로 실의와 좌절을 경험한 일이 많았으니 그 회한이 어땠을까. 친구와 술로 풀고, 혼자서 눈물을 흘리고, 억울하고 분한 생각에 자포자기하고, 돌아올 수 없는 돈 생각에 잠을 이루지 못했을 것이다. 순전히 나의 상상이지만. 40대 초반 아버지에게 찾아온 병도 이와 무관하지 않았을 것이다. 뇌출혈과 그 후유증으로 퇴직한 아버지가 공황장애를 겪으며 찾아낸 회복의 열쇠는 '렛 고'였다. 아버지의 표현에 따르면 "다 잊어버리자", "미련을 갖지 말자"이다. 실패감과 압박감에 붙잡혀서 더 이상 아프고 괴롭지 않겠다는 결단이었다. 렛 고가 한순간에 되지는 않지만 신기하게도 돈에 대한 강박과 상처에서 서서히 자유로움과 가벼움을 경험할 수 있었다고 한다. 아흔이 넘은 지금은 어떤가? 젊은 시절 아등바등 손에서 흘러나간 돈에 대한 아쉬움은 아련히 남아 있지만, 그때 돈을 떠나 보내지 않았더라면 지금까지 오지는 못했을 것이라고 한다.

과거의 상처나 실패는 쉽게 지워지지 않는다. 나를

배신한 사람, 사기를 친 사람, 조급하고 잘못된 선택으로 인한 죄책감과 억울함은 곱씹기 마련이다. 우리는 부정적인 것들을 기억하고 반복하며 머무르려는 경향이 있다. 문제의 상대방이나 사건보다 그때의 감정과 생각이 부풀려져 쉽게 떨쳐내거나 바꾸기가 어렵다. 주변을 보면 과거의 실패나 상실로 계속 고통을 받아서 술을 마시거나 우울에 빠지거나 방황하는 등 자기파괴적인 행동을 하는 사람들이 있다. 과거를 붙잡고 사는 것은 엄청난 에너지가 드는 일이다. 몸과 마음을 모두 아프게 한다. 원망과 비난을 반복하면 스트레스가 풀리고 홀가분하기보다 오히려 우울과 무기력에 빠지게 된다. 과거의 상처나 실패에 오래 머무는 것도 좋지 않지만 과거의 화려함과 즐거움에 사로잡혀 있는 것 또한 좋지 않다. 현실을 부정하고 비관하게 되기 때문이다.

과거를 놓지 못하면 현재의 즐거움이나 보람을 느끼지 못하고 앞으로 나아갈 수 없다. 과거의 아픔을 렛 고 하기 위해서는 마음과 생각의 기어를 과감히 바꾸어야 한다. 불행한 일을 당한 자신을 공감과 연민으로 위로하는 한편, 그 일을 '있을 수 없는 일'이 아닌 '있을 수도 있는 일'로 껴안는 마음, 그 일을 좀 더 냉정하게 재평가할 수 있는 작업이 필요하다. 불행한 일 앞에서 우리는 지나치게 감정적으로 몰입하고 부정하거나 벗어나려고 한다. 어떤 이유에서 일어났을까 생각해보는 것은 고통스럽고 두려운 일이기에 용기와 굳센 마음이 필요하다. 불행을 재해석하는 일은 앞으로 나가기 위한 힘겨운 절차다. 새로운 시각으로 마음에 담고 회복할 것이라는 가능성을 스스로에게 심어주는 작업이야말로 렛 고의 핵심이다.[8] 렛 고의 가장 큰 방해꾼은 마음속에 도사리고 있는 고집과 집착이다. 머리로는 렛 고가 되지만 억울함과 슬픔을 놓아주지 않으려는 마음이 문제가 된다. 이를 심리학에서는 저항이라고 한다. 내려놓고 변화하는데 따르는 심리적 저항을 알아차리는 것, 과감히 결단하는 것이 필요하다.

렛 고가 힘든 이유는 원하고 바라는 것을 버려야 하고 자신의 일부를 포기해야 된다고 생각하기 때문이다. 렛 고는 버리는 것, 없애는 것이 아니라 새로운 바람을 가지고 자신과 새로운 관계를 만드는 방법을 찾는 것이다.[9] 아버지에게는 렛 고하기 어려운 것이 돈이었지만 사람에 따라 관계, 상처, 실패 등 다양할 것이다. 사랑이라면 잃어버린 사랑의 한계를 받아들이고 새로운 사랑을 기대해야 하며, 상처라면 상처를 준 사람과 받은 사람 모두를 향한 연민과 용서가 필요할 것이다. 실패라면 실패가 주는 의미를 새기면서 새로운 도전과 가능성을 모색하는 과정이 필요하다. 긍정적인 생각, 새로운 가능성에 대한 믿음, 회복에 대한 희망 없이 렛 고는 불가능하다. 새롭게 붙잡을 것이 있어야 먼저 것을 놓고, 더 센 것을 잡아야 약한 것을 놓게 되는 법이다. 아픔을 쥐고 있던 손에 희망과 낙관을 새롭게 쥐어주는 것은 자신의 몫이지만 주변에서 진정성 있게 가능성과 새로움을 응원해주는 것도 도움이 된다.

단순히 결심하는 것만으로 렛 고가 되지는 않는다. 힘든 마음이 충분히 풀어지고 용서가 되고 새로운 미래가 보이기 시작해야 비로소 렛 고가 가능해진다. 우선 렛 고를 할 수 있는 시간과 공간을 마련하는 것이 좋다. 생각이 끊어지고 분주한 사람들에게서 멀어지면 한결 차분하고 편안한 상태가 되어 내려놓는 작업이 쉬워진다. 렛 고 리스트를 만들어 하나씩 버리는 선언문을 작성하며 결단식을 하는 것도 다소 유치하지만 도움이 될 때도 있다. 렛 고 일기 쓰기를 통해 생각과 감정을 객관화시키는 것, 렛 고가 되지 않아 힘들었던 시간과 작별을 고하

92세 아버지의 행복 심리학

며 실컷 울고 자신을 위로하는 것, 기도와 나눔으로 위로와 도움을 받는 것도 의미가 있다. 무엇보다 렛 고로 보낸 것들을 대체할 수 있는 새로운 목록을 만들어보고, 마음을 가라앉히는 데 도움이 되는 활동을 지속적으로 하는 것이 도움이 된다.

아버지가 렛 고한 것이 돈뿐이었겠는가. 말은 안 해도 때마다 내려놓고 잊어버리면서 92세가 되었고 아직도 버려야 할 것이 있을 것이다. 우리는 과거의 아픔에서 완벽하게 자유로울 수 없다. 그러나 그것을 자신에게 좋은 방향으로 생각하며 살아가려고 애쓰는 존재다. 아버지처럼 나이를 먹으면 확실히 렛 고가 쉬워질 것이다. 시간이 흐르면서 과거의 안 좋은 것들을 붙들고 있는 것이 부질없는 일이라는 사실을 자연스럽게 깨닫기 때문이다. 시간이 너무 지나기 전에 렛 고할 수 있다면 그것은 행복으로 가는 길을 열어줄 것이다. 인생은 렛 고의 연속이다.

한결같음의 평온함

집에서 아버지와 함께 시간을 보내는 일은 밋밋하기 짝이 없다. 마치 한적하고 고요한 곳에 와 있는 것만 같다. 외출을 좋아하고 활동적인 아버지지만 집에서는 자고 먹고 쉬는 착한 아기와 같기 때문이다. 아버지 방에서 간간히 들리는 TV나 라디오 소리, 발마사지 기계 소리, 코고는 소리 외에 집 안에서 아버지의 존재감을 찾기는 어렵다. 간혹 방문을 열고 들여다보면 바둑 TV를 보거나 이어폰을 꽂은 채 라디오를 듣고, 체조로 바쁜 경우를 제외하면 많은 시간 잠을 자기 때문이다. 밤잠이 짧은 아버지가 낮잠으로 모자란 수면을 보충하고 휴식하는 모습은 힘없고 지쳤다는 느낌보다 휴식에 가까워 보인다. 잠을 자건 TV를 보거나 운동을 하건 변함없이 느껴지는 아버지의 '한결같음'에는 평온함이 담겨 있다.

평온함Peace of Mind, Peacefulness은 한 단어로 표현할 수 없는 많은 상태들이 포함된다. 평화로움, 조용함, 편안함, 고요함, 차분함, 자족감, 안전감, 행복감, 충족감, 기쁨 등과 같은 기분 좋은 상태를 의미한다. 평온함의 반대로는 불만, 불안정, 비참함, 슬픔, 갈등, 우울, 고통, 불행감 등이 연상된다. 좋은 컨디션, 기분 좋은 만남, 성공적인 결과, 만족스러운 상태로 평온함을 느끼는 것은 자연스럽고 쉬운 일이지만 그런 것들이 없어도 평온함을 많이 느끼고 유지하면서 사는 자기만의 방법과 노력이 필요하다. 모든 일이 잘 돌아갈 때 평온함을 느끼는 건 당연하다. 그러나 특별히 좋은 일이 없어도, 힘든 일이 벌어져도 평온함을 지키는 것은 쉽지 않다. 집안의 안 좋은 일, 직장에서의 문제, 가까운 사람과의 갈등, 심지어 누군가의 한마디, 우울한 뉴스와 같이 우리의 삶은 나의 의지와 상관없이 잔잔하게 흘러가지 않으며, 그런 자잘한 문제 가운데서 마음의 평화를 유지한다는 것은 생각보다 쉬운 일이 아니다.

아버지의 한결같음은 만나는 사람, 단순해진 생활 패턴에서 오기보다 자신의 마음이 흔들리지 않도록 대처하는 몇 가지 방법에서 비롯된다. 우선, 아버지는 자의 반, 타의 반으로 집안의 좋지 않은 소식들을 모르고 지나갈 때가 많다. 아버지가 알아서 좋을 것 없다는 가족들의 판단도 있지만 아버지 자신이 굳이 알려고 하지 않기 때문이다. 때로는 모르고 지나가는 게 약이고, 알더라도 문제로부터 거리감을 두어 지나친 관심과 개입을 자제한다. 작가이자 동기부여 전문가 레메즈 세슨은 주변과 어느 정도 거리감을 두고 개입하지 않으면 삶에 평온함과 조화로움을 가져올 수 있다고 했다. 주변에서 일어나는 일에 너무 심각하거나 너무 개인적인 의미로 반응하게 되면 쉽게 열을 내고 흥분하게 된다. 아버지는 때로는 무심하다 싶을 만큼 슬쩍 지나갈 때가 많은데 자신이 알아도 큰 도움이 되지 않기 때문이라고 한다. 내가 나서야 될 일이 아니라면 약간은 무심한 태도가 마음의 평화를 갖는 데 도움이 된다.

자식들에게도 이러쿵저러쿵 말이 없는 아버지가 가끔 나에게 "너무 교과서적으로 살지 말라"고 한마디 던

92세 아버지의 행복 심리학

진다. 내 상식으로는 있을 수 없는 일이라고 흥분하며 상식과 도덕의 잣대를 들이대는 삶은 오히려 자신만 화나게 할 뿐이다. 교과서대로 살면 세상에는 비난할 것, 못마땅한 것, 화나는 것들이 많기에 조금 어긋한 행동이나 상황도 무심하게 받아들이는 게 현명하다. 많은 교과서파들은 '이래야 된다', '이렇지 않으면 안 된다'는 생각이 많아 쉽게 비판적이 되며 상처를 받기도 한다. 오랜 인생을 교과서처럼 살아온 아버지에 따르면, 나의 상식과 도덕을 비껴가는 사람들을 이해하고 포용할 필요는 없어도 '그럴 수도 있다'는 관용의 자세를 가진다면 평온함을 지키는 데 도움이 된다고 한다.

아버지가 자주 하는 말은 "바라지 말라"이다. 사람이나 일에 큰 기대를 하지 말라는 뜻이다. 괜한 실망과 좌절을 경험하지 않기 위한 일종의 자기방어기제로 기대치를 낮추는 것이다. 특히 가까운 사람에게는 더 바라지 말라고 한다. 더 바랄수록 더 실망할 수 있기 때문이다. 그러다 보니 기대대로 되지 않아 실망하는 일이 많지 않고 기대도 하지 않았는데 뜻하지 않게 좋은 일도 생기더란다. 《다시 행복해지는 것Getting Back to Happy》의 저자 엔젤 세노프는 자신의 블로그[10]에 "인생은 우리가 기대하는 바를 정확히 줄 의무가 없다"고 말하며, 기대한 대로 되지 않는다고 해서 인생을 잘못 살고 있는 것은 아니라고 말한다. 일을 할 때 잔뜩 기대부터 하는 이상주의자인 나는 아버지의 냉소적인 기대론에 매력을 느끼지 못했다. 지금은 큰 기대를 하지 않는 것이 마음의 평화를 가져온다는 사실에 공감하는 현실주의자가 되어가고 있다.

누군가의 마음에 파문이 생기는 이유는 다양하다. 다른 사람과 자신을 비교해서, 부러워서, 듣기 거북한 말로, 꼴보기 싫은 얄미운 사람 때문에, 미래에 대한 걱정으로, 인정받지 못한 좌절 등으로 마음의 평온이 흔들린다. 그런가 하면 자신과 상관없는 우울하고 슬픈 소식, 불의한 상황, 불친절한 사람 때문에 기분이 나빠지기도 한다. 이러한 이유로 마음이 흔들리지 않는다면 오히려 이상한 일이다. 인생은 수시로 좋았다 안 좋았다 하는 마음을 다잡고 마음의 평화를 찾았다 잃었다 하는 과정이다. 그래서 고단하다. 오랜 세월을 살아온 아버지 역시 이 과정을 반복하였으며, 그 세월을 통해 자신의 마음을 지키는 요령을 터득한 것이다.

자신이 예민하게 반응하는 것은 자신만이 알고 있기에 그것으로부터 마음을 지키는 것은 결국 자신의 몫이다. 최근 나는 편안한 마음으로 살기 위해 몇 가지 원칙을 세웠다. 부담이 되는 일은 하지 않는다(돈을 많이 벌거나 의미 있는 일이어도), 싫은 모임에는 나가지 않는다, 걱정이 밀려와 두근거리는 일을 만들지 않는다(두근거리면 기도한다), 기분 나쁜 영화는 보지 않는다, 하루 열 번 감사한다, 내가 피해자라는 생각을 버린다, 용서는 하루 안에 해버린다 등이다.

산속에 들어가 평생을 살지 않는 한 마음에 파문을 일으키는 사람과 상황이 없을 수는 없다. 성경에는 그 무엇보다 마음을 지키라고 한다. '개의치 않으련다', '부러워하지 않으련다', '섭섭하지 않으련다', '용서하련다', '인생은 원래 그런 거다', '내일이 있다'와 같은 나만의 주문으로 마음을 지켜내는 것이야말로 인생의 가장 어려운 숙제다. 마음의 평화를 위해 당신은 어떤 주문을 외울 것인가?

4부

날카로움은 백해무익,

————

유쾌하게 사는 법

아픔에는 둔감,
기쁨에는 민감

아버지는 신기할 정도로 통증에 둔감하다. 처음에는 아
버지가 아픈 걸 숨기거나 참는다고 생각했으나 병원에
서 검사와 수술을 받을 때도 의사가 고개를 갸우뚱할 정
도로 아픔을 느끼지 못했다. 91세에 뒤늦게 백내장 수술
을 한 이유도 아버지의 각막 상태가 거의 보이지 않는
수준이라는 의사의 소견을 따른 것이지 아버지가 불편
해서는 아니었다. 아버지에게는 몇 가지 질환이 있어서
어느 정도는 느껴야 할 통증에 무감한 것은 이상하기까
지 하다. 반대로, 아버지는 유쾌한 감정에는 매우 민감하

다. 평범한 식당에 감탄하고, 친절한 간호사에 감격하고, 손녀의 안부 전화 한 통에 온 세상을 얻은 듯 행복해한다. 아픔에는 심각할 정도로 둔감하고, 기쁨에는 곱빼기로 민감하다 보니 즐거움이 더 많을 수밖에 없다.

최근 아버지의 일상은 '똥과의 전쟁'이라 해도 과언이 아니다. 커다란 혹이 대장을 막고 있어 배변을 위해 많은 양의 설사약을 복용한다. 복부의 불편함은 물론 하루 열 번 이상 화장실을 출입하고, 기저귀를 갈며, 청결의 문제가 생기는 등 삶의 질도 많이 떨어진다. 그런데 아버지는 화장실을 다녀오거나 기저귀를 갈 때마다 싱글벙글하며 세상에 똥 싸고 좋아하는 사람은 자신밖에 없을 것이라고 한다. 똥이 나오지 않으면 큰일인데 이렇게 자주 나오니 얼마나 좋으냐는 것이다. 잦은 설사 때문에 배도 아프고 기력이 떨어져 힘들 것이라는 의사의 예상을 뒤집는 반응이다.

통증을 느끼는 '통각'은 사람에 따라 다르다. 같은 아픔에도 어떤 사람은 크게 반응하고 어떤 사람은 작게 반응한다. 백내장 수술을 함께 받은 다섯 명의 환자들(아버지보다 훨씬 어린)이 수술 후 모두 경미한 통증을 호소했는데, 아버지는 전혀 통증이 없어서 간호사가 재차 확인한 적도 있다. 아버지는 무릎과 발목이 코끼리 다리처럼 부을 정도로 퇴행성관절염도 심한 편이다. 의사는 매일 진통제를 드시라고 했지만 아버지는 장시간 외출하는 날만 약을 드신다. 평소에는 아픈 부위를 문지르고 주무를 뿐 통증이 심하지 않다고 한다. 확실히 아버지의 통각은 평균보다 훨씬 둔하고 통증을 전달해주는 신경회로에 이상이 없다면 통각을 상쇄하는 어떤 기능이 발달된 것이 아닌가 싶다.

아버지가 백내장 수술을 받는 과정을 지켜보며 그 비결을 찾을 수 있었다. 수술에 필요한 절차를 밟으며 긴장되는 상황에서도 아버지는 의연했고 웃음도 잃지 않았다. 돈과 건강이 허락되어 수술을 받는 것 자체가 복이고, 수술을 받다가 잘못되어도 고통 없이 죽는 것이니 그것도 복이라고 했다. 수술 대기와 회복 시간에 이어폰을 꽂고 평상시처럼 라디오 방송을 듣고, 수술 마치고 마실 커피를 생각하는 아버지를 보며 두려움과 통증을 이겨내는 것은 '지금 여기'를 최선으로 여기는 태도임을 발견했다. 실제로 심리치료에서는 특정한 상황에 대한 두려움을 단계별로 둔감시키는 '체계적 둔감법'을 공포나 통증 치료에 사용한다. 아버지가 통증에 무딘 것은 '지금

92세 아버지의 행복 심리학

여기'의 상황을 복으로 생각함으로써 스스로를 둔감하게 만드는 것이다. 사실 아버지는 40대 후반에 몇 년간 공황장애를 앓았다. 그때는 항불안제 같은 약도 없었기에 공황(패닉)과 싸우기 위해 아버지가 개발한 '긍정적 둔감화' 기술이 몸의 통증은 물론 마음의 두려움조차 둔감하게 만든 것으로 보인다.

아버지에게 병원은 나들이요, 놀이터다. 각종 검사와 수술 준비로 귀찮고 겁날 만도 한데 아버지는 그 모든 과정들을 매우 유쾌하게 여겼다. 식당가를 돌며 가격과 메뉴를 살피고 자판기 커피도 뽑아 먹고 병원의 최신식 시설들을 구경하며 마치 아이처럼 재미있어 한다. 병원뿐이 아니다. 아버지는 어딜 가도 그곳을 즐거운 곳으로 만든다. 우연히 들른 변두리 식당이나 가게도 아버지에게는 최고의 맛집으로 평가되기 일쑤다. 아버지가 가장 감탄하는 곳은 공원이다. 산뜻하고 걷기 좋은 공원에서 아버지가 감격하는 대상은 무료 주차장부터 산책로, 운동 시설, 아름다운 경치, 편의점 등 무궁무진하다. 우리 눈에는 당연하고 소소한 것들에 감탄과 의미를 부여한다. 아버지가 주변의 사소한 것들을 궁금해하고 경이롭게 보는 눈을 갖게 된 것은 노년의 심심함과 외로움을 견디기 위해 작은 것을 즐거워하는 민감함을 터득했기 때문이 아닐까 싶다. 아버지의 시력은 수술 전 0.1에서 수술 후 0.2로 큰 변화는 없었지만 이전보다 얼마나 잘 보이는가에 집착하는 대신 밝아지고 선명해진 세상에 무척 감격하였다.

민감은 예리하고 멋진 느낌으로, 둔감은 무디고 굼뜬 느낌으로 다가온다. 어떤 사람은 예민하고 민감한 성격으로, 또 어떤 사람은 둔하고 무딘 성격으로 평가되기도 한다. 괜스레 둔감보다는 민감이 멋지게 느껴진다. 그런데 살아가는 데는 둔감이 더 좋은 무기가 되는 것 같다. 아버지와 한 공간에서 오랫동안 같이 있으면 둔감의 힘을 실감하게 된다. 병원이나 길거리에서 무례하고 신경질적인 사람을 만나도 무심하고 둔감하다. 상대방이 어떻게 하든 나는 몰랐다는 듯이 평온을 유지한다. 입시 결과를 앞두고 예민해진 손녀에게도 상대방이 무안하고 미안할 정도로 한결같은 모습으로 다가간다. 아버지의 무심하고 둔감한 반응은 예민한 사람이 만드는 긴장과 갈등을 저절로 사라지게 만든다. 아버지가 일부러 무심한 척하는 것은 아닐까 의혹의 눈초리를 보낸 적도 있다. 아버지는 정말 주변의 예민함에 둔감하게 대하고 무

92세 아버지의 행복 심리학

심하게 반응했다. 그것이 오랜 세월에 걸쳐 쌓아온 아버지만의 노하우인지, 노화와 더불어 신경회로가 무뎌져서인지는 알 수 없지만. 어쨌든 둔감과 무심은 예민한 세상을 살아가는 힘이 됨은 틀림없다.

화, 불안, 원망 등 부정적인 감정은 전염되기 쉽다. 다른 이의 감정을 쉽게 공감하지만 느리고 무디게 반응할 수 있다면 상처와 갈등은 줄어들 것이다. 민감과 둔감, 상반되는 두 가지를 예민하다, 무디다라는 이분법으로 나누는 대신 자신 안에 공존하는 두 가지 특성을 상황에 따라 적절히 활용하면 기분 나쁜 순간보다 좋은 순간이 많을 것이다. 누군가 나에게 한 말이나 행동에 의미를 부여하지 말고 무심하게 지나치는 한편, 상대방의 상태나 분위기를 알아차리고 배려 있게 행동한다면 여유 있고 관대한 사람이 되어갈 것이다. 가족의 누군가가 시큰둥하고 짜증을 내면 맞서서 예민하게 반응하기보다 힘들어서 그런가 하고 느긋하고 너그럽게 대할 수도 있다. 주변에서 신경질을 내든 짜증을 내든 무심해 보이는 아버지를 보면 둔감은 주변에 평화와 안정을 가져오는 것 같다. 무엇보다 자신의 평온을 유지할 수 있음을 알게 된다.

기분 나쁜 것에 대한 둔감은 인내와 노력이 필요하고 기분 좋은 것에 대한 민감 또한 표현과 노력이 필요하다. 맛있는 음식, 웃기는 이야기, 기분 좋은 만남, 칭찬과 감사의 인사, 작은 선물 등에 일부러라도 유쾌하게 표현하면 행복감이 증진된다. 우리의 삶은 아프고 괴로운 일들과 즐겁고 기쁜 일들이 교차한다. 통계적으로 보면 기쁜 일보다는 힘든 일이 더 많다. 어쩌면 둘 다 비슷하지만 우리의 뇌가 아프고 힘든 일을 더 오래 기억하기 때문일지도 모른다. 아버지처럼 기분 나쁜 것에는 둔감하고 기분 좋은 것에는 민감하다면 즐거움을 느끼는 순간이 더 많아진다. 항상 둔감하고 항상 민감한 대신 적절히 둔감하고 적절히 민감해서 평안한 마음을 유지하고, 주변 사람들에게도 평온과 즐거움을 선사할 수 있으면 좋겠다.

좋은 추억 기억하기

아버지는 나이에 비해 기억력이 비상하다. 노화에 따라 기억력도 쇠퇴해야 하는데 아버지의 기억력은 웬만한 중년보다 낫다. 어릴 적 일들은 물론 친척들의 경조사, 다녀온 여행지, 그리고 이창호 9단의 경기 내용까지 기억하고 있다. 가끔 오래전에 다녀온 절 이름이 생각나지 않거나 〈카사블랑카〉 같은 영화 제목이 생각나지 않아 끙끙대기도 하지만, 지도를 펴거나 옆 사람에게 힌트를 구해 이름을 기억해 내면 무척 뿌듯해한다. 아흔 평생 좋은 일들만 있었을 리 만무하지만 아버지의 뇌에는 힘들었던 기억들이 저장되지 않은 듯 기분 좋은 일들을 무수히 기억한다. 아버지가 좋아하는 기억에는 돈과 사람, 가족, 여행이 빠질 수 없다. 열심히 일해서 가족을 부양했던 시절의 추억담과 자신을 도와준 지인과 친구, 그리고 공부를 잘해서 아버지의 수고를 빛나게 했던 형제와 고마운 자식들에 얽힌 이야기들이 주를 이룬다.

아버지가 제일 좋아하는 추억담은 뭐니 뭐니 해도 젊은 시절 이야기다. 작은 한약방을 운영하던 할아버지는 경제력이 빈약했기에 아버지는 17세에 경성남자고등소학교를 졸업한 후, 세무감독국 말단 공무원으로 취업하여 가족의 생계와 동생들의 학업을 책임졌다고 한다. 아버지는 당시의 월급부터 시작하여 삼촌들과 고모의 등록금, 쌀 한 가마니의 가격, 당시 교통수단이던 전차 요금까지 세세하게 기억한다. 첫 월급 40원을 할머니께 드리고, 보너스 100원으로 삼촌의 학비를 내고, 모아놓은 3만 원으로 고모의 등록금을 기적적으로 마련한 일 등은 요즘 들으면 호랑이 담배 피우던 시절의 이야기지만 아버지에게는 아직도 생생한 역사로 남아 있다.

아버지가 두 번째로 좋아하는 기억은 자신에게 도움을 준 지인들이다. 공무원 시절 경제적으로 어려웠던 아버지를 물심양면으로 도와준 상사와 동료들, 그리고 공무원을 그만두고 막막했을 때 직장을 찾게 해주고 건강을 걱정해준 친구들이 주인공이다. 그분들의 이야기를 얼마나 많이 했는지 가족들도 이름을 외울 정도다. 아버지는 여전히 무한한 감사와 애정으로 그분들을 기억하고 있다. 아버지를 도와준 정 많고 의리 많았던 그분들은 이미 세상을 떠났고 도움을 받던 아버지만 남아 있으니 아버지의 회고는 항상 애틋함과 고마움이 묻어난다.

점잖은 아버지는 사람들 앞에서 자식들 자랑을 하지 못한다. 자랑거리가 없어서는 아닌 것 같고, 자식을 자랑하는 것이 팔불출이라는 옛 어른들과 생각이 같기 때문이다. 아버지는 자랑 대신 생신상 앞에서 덕담을 하며 자식들이 대견했던 순간들을 나누길 좋아한다. 해마다 내용이 되풀이되지 않고 새로운 내용으로 바뀔 때가 많다. 아버지는 자식들도 기억하지 못하는 일들을 자세하게 기억하고 있고 내용도 무궁무진하다. 아들이 좋은 중학교에 입학하던 날, 딸이 병간호를 해준 일, 아들과 여행하던 일 등 자식들이 아버지를 기쁘고 자랑스럽게 해주었던 일들을 이야기하면서 오히려 그 자식들이 까맣게 잊고 살던 일들을 기억나게 한다. 아버지의 기억 속에 기쁘고 고맙게 각인되어 있는 자신을 발견하면 나 또한 즐거운 마음이 되니, 사람에 대한 좋은 기억을 쌓아두었다가 하나씩 꺼내 쓰는 것도 인생의 기술이자 힘이 되는 것 같다.

그다음으로 아버지가 기억하기 좋아하는 것은 여행지다. 직장 생활을 할 때, 지방 출장길에 부모님과 아이들을 동반한 적이 많아서 많은 소도시를 구경할 수 있었다. 우리는 방문한 도시의 역사 관광지들을 돌아보고 이름 모를 산길을 걸었다. 아버지는 길에 얽힌 사연, 방문한 고장의 역사, 시대적 사건 등으로 이야기 보따리를 풀어놓았다. 지금도 치매 예방 차원에서 당시 들고 다니던 지도를 꺼내 자신의 발자취를 더듬는 것을 좋아한다. 나는 잘 기억하지 못하는 도시, 사찰, 도로명을 아버지는 생생히 기억한다.

즐거운 기억을 떠올리는 것은 현재의 어려움을 이기는 데 큰 힘이 된다. 자신의 삶이 좋았던 때를 기억하면 지금의 문제와 갈등이 사소해 보이고 헤쳐 나갈 희망이 생기기 때문이다. 부부를 상담할 때는 그들이 좋았던 시간을 떠올리고 서로 나누게 한다. 흥미로운 건 즐거운 추억이 많은 부부일수록 현재의 갈등을 극복하는 경우가 많다는 것이다. 그 이유는 힘들 때 돌아가 치유받을 수 있는 곳이 있기 때문이다. 즐거운 추억은 현재의 고통에 일종의 버퍼링Buffering 역할을 한다. 사소한 일이라도 유쾌한 경험으로 쌓아두면 나중에 맞닥뜨릴 수 있는 어려운 일에 지지대가 된다. 사춘기 자식이 미울 때, 아이의 어린 시절의 사진과 함께했던 추억을 떠올리면 어느새 미움이 연민으로, 연민이 희망으로 바뀐다. 친구가 섭섭할 때, 친구와 재깔거리며 놀던 때를 기억하면 친구를 이해할 수 있는 관대함이 생긴다. 즐거운 기억을 많이 만들어놓는 것, 꾸준히 쌓아 놓는 것은 현재의 어려움을 대처하는 데 도움이 될 뿐만 아니라 긍정적이고 유쾌한 시각으로 삶을 견지하는 태도를 갖는 데도 도움이 된다.

우리는 사진을 들여다보면서 크고 작은 힐링을 경험한다. 과거의 나, 가족, 친구, 장소와 시간은 단지 과거이기에 미화되는 것이 아니다. 그 시간을 떠올리면 위로와 힘을 얻는다. 아버지는 스스로가 대견했던 젊은 날, 자신에게 친절과 도움을 베풀었던 사람들, 자랑스럽고 고마운 가족들, 그리고 여행지에 대한 즐거운 기억들을 뇌의 좋은 기억 저장소에 보관했다가 수시로 꺼내 보면서 초라하고 우울해지기 쉬운 90대의 삶을 유쾌하게 살아낸다.

오늘의 추억은 내일의, 내년의 자신에게 위로가 된다. 오늘이 즐거운 추억으로 남기 위해서는 뿌듯한 일, 감격스러운 일, 재미난 일, 고마운 일, 누군가를 기분 좋게 하는 일을 조금 더 쌓아야 한다. 또 기억되는 날로 만들기 위해 '살아 있는 느낌'을 각인시켜야 한다. 바쁘다는 핑계로 지나치기 쉬운 멋진 가로수, 소박한 골목길, 사랑스러운 고양이를 한 번 더 보고 가족, 친구, 동료들과 대화를 나누며 누군가에게 작은 도움을 주다 보면 마음속에 소소한 충만감이 흐르게 된다. 오늘 살아 있는 나는 내일과 미래를 살아가는 힘이다. 많이 웃고 감사하고 도와주며 기억에 담아두자.

혼자서도 잘 놀기

국제 학교에서 상담 교사로 근무할 때 주로 세계 곳곳에
서 온 아이들의 배경과 인성, 자질 등을 파악하는 일을
했다. 수줍고 긴장한 아이들의 마음을 편하게 해줄 겸 취
미 생활에 대해 묻곤 하였다. 보통 열 살 또래에 맞게 운
동과 컴퓨터 게임, 자전거 타기, 그림 등이 흔한 취미였
다. 파푸아뉴기니에서 온 여자아이는 집에서 한가하게
TV를 보다가 한잠 자는 것이라고 하여 웃은 기억이 있
다. 처음에는 교육자의 입장에서 교육, 문화, 환경의 열
악함으로 어린아이의 취미가 TV 시청과 잠이란 생각에

안타까운 심정이었으나 막상 그 아이의 평온하고 느긋한 표정을 보니 쓸데없는 편견이란 생각이 들었다. TV 시청이 정말 한심한 취미 활동일까 의문을 가지며 같은 취미의 소유자인 아버지를 떠올렸다. 바깥출입이 쉽지 않은 아버지에게 TV 시청은 무료함을 달래고, 복잡한 생각이나 걱정을 잊고, 유익한 생활 정보를 얻을 수 있는 최고의 취미 활동이다.

아버지가 꼭 챙겨보는 TV 채널은 바둑 채널과 건강 프로그램이다. 아버지의 평생 취미는 바둑으로 바깥출입이 어려워지기 전까지 친구분과 정기적으로 만나 바둑을 두고, 집 근처 경로 바둑 교실에 매일 나갔다. 아버지의 바둑에 대한 열정은 대단했다. 한번 두기 시작하면 화장실과 식사도 거르고 다섯 시간은 내리 둘 정도로 집중력도 높았고 급수도 높았다. 실전이 어려워지자 아버지는 바둑 채널에서 경기를 감상하고 해설을 듣는 것으로 취미를 대신하게 되었다. 바둑 경기를 보며 자신의 지력과 순발력을 테스트하고 경기의 흐름과 승패를 분석하고 예측하는 데 정신을 집중했다. 아버지에게는 바둑 세계의 아이돌도 있다. 이창호 9단에서 최근 들어 박정환 9단으로 바뀌긴 했지만 지난 10여 년간 이창호 기사의 국

92세 아버지의 행복 심리학

내외 경기를 놓친 적이 없고 신문 바둑란에 실린 이 기사의 작고 큰 기사를 스크랩하곤 했다. 또한 아버지는 건강 프로그램의 열혈 시청자이기도 하다. 〈비타민〉, 〈생로병사의 비밀〉, 〈한국인의 밥상〉 등 건강에 관한 토론, 예능, 강연 등을 보면서 유익한 건강 정보를 메모해 놓았다가 다시 읽어보고 좋은 동작을 따라 하기도 한다.

바둑처럼 열광하지는 않지만 신문도 매일 거르지 않고 읽는다. 대한민국의 여느 할아버지처럼 아버지도 새벽 다섯 시 반이 되면 대문을 열고 조간신문을 들여놓는 일이 하루의 시작이다. 간혹 비나 눈이 와서 신문 배달이 늦어지거나 신문이 오지 않는 날이면 아버지의 실망은 이루 말할 수 없다. 신문이 오면 한꺼번에 읽지 않고 헤드라인과 전체 섹션을 한 번 훑은 후 점심 식사를 하고 나서 한 시간에 걸쳐 천천히 읽는다. 아버지의 최대 관심사는 정치, 사회면에서 최근에는 몸과 마음의 건강, 삶의 행복과 웰빙, 여행 섹션으로 바뀌었다. 아버지는 다시 읽고 싶은 기사를 스크랩 했다가 꺼내 읽거나 어머니에게 나누어주기도 한다. 아버지가 아직도 즐겨 읽는 잡지는 일본 잡지 〈문예춘추〉다. 일제강점기에 소학교와 중학교를 다닌 아버지가 제2외국어로 사용한 일본어를 복습하는 기회가 된다. 아버지는 라디오 듣는 것도 좋아하고 라디오 자체를 좋아하는 수집가이기도 하다. 무선 라디오, MP3, 작은 트랜지스터 등 서너 개의 라디오를 번갈아 사용하고 외출 장소에 따라 적합한 라디오를 준비해 듣곤 한다. 그렇다고 라디오를 기능이나 모양에 따라 비교하고 바꾸는 마니아는 아니다. 아버지의 필요에 따라 소리가 큰 라디오, 휴대하기 좋은 라디오, 음악을 듣기 좋은 라디오 등으로 구분하여 듣는 걸 좋아할 뿐이다.

아버지가 무료한 일상을 혼자서도 재미나고 유익하게 보내는 데는 몇 가지 비법이 있다. 첫 번째는 젊은 사람과 달리 신체, 체력, 여건의 제한이 많기에 TV나 신문과 같이 주변의 쉽고 가능한 자원들 속에서 즐거움을 찾아내고 자신의 관심사와 열정을 꾸준히 실현하는 것이다. TV와 신문 보기가 과연 의미 있는 취미 활동일까 싶지만 아버지는 그것을 통해 자신이 살아 있다는 느낌, 행복하다는 느낌을 가지니 그것으로 충분하다. 주변의 소소한 것들을 활용해서 재미를 찾고, 그것을 소일거리로 여기며 꾸준히 하는 것이 바로 취미 생활이 아닌가 싶다. 아버지의 취미 생활이 돋보이는 또 다른 이유는 주변 사람들을 끌어들이거나 필요로 하는 대신 '혼자서' 즐겁게 시간을 보낸다는 점이다. 같이 시간을 보낼 사람이 없기에 어쩔 수 없는 일이기도 하지만 아버지처럼 혼자서도 심심하지 않게 시간을 보내기는 쉽지 않다. 아버지는 취미 생활에서 오는 선순환 덕분에 늘 긍정적이고 낙천적이다. 잦은 복통과 설사 때문에 움츠러드는 감정과 불안한 생각들을 TV와 라디오 프로그램을 통해 잊기도 하고 견뎌낼 수 있는 새로운 힘을 공급받기도 한다. 막상 혼자가 되면 혼자 노는 법을 몰라 방황하는 사람이 많다. 같이 등산도 가고, 같이 그림도 그리고, 같이 노래도 부르고, 같이 쇼핑도 하는 '같이'에 너무 길들여져 있다면 '혼자' 놀면서 느끼는 깊고 은밀한 즐거움을 경험할 기회가 줄어들지 않을까.

놀이의 진정한 효과는 일, 시간, 사람 등 매여 있는 것들로부터 차단되어 완전히 자기만의 세계로 들어갈 때 가능하다. 일상에 붙들려 있던 정신에 '짧은 방학'을 주어 새로운 에너지와 정신력을 충전하는 것이다. 함께하는 취미 생활이 때로는 피곤함과 공허함을 가져오는 이유는 자기만의 세계로 들어가는 데 같이하는 사람들의 존재가 방해가 될 수 있기 때문이다. 가장 바람직한 취미 생활은 친구, 동료와 함께하는 활동과 혼자서 하는 활동이 균형을 가질 때다. 주말 하루는 동호회 활동을 한다면 그다음 날은 혼자서 놀고 완전한 휴식을 가질 때 진정한 의미의 재충전이 된다.

취미 생활의 본질적인 의미는 쉬지 않고 돌아가는 일상에 '멈춤' 사인을 켜고 관심과 에너지를 다른 영역으로 돌리는 것이다. 영미권에서는 취미를 말할 때 '일상에서 떨어지기Being Away', '숨쉬기Breather', '회복하기Restorer'라는 표현을 쓴다. 일상에서 떨어져 숨을 쉬고 딴짓을 하며 회복하는 시간은 더 이상 선택이 아니라 필수다. 혼자서 궁시렁거리고 뒹굴뒹굴하는 시간, 낄낄 웃는 시간 등 잠시 자신만을 위해 집중할 수 있는 시간을 가지고 즐거움을 주는 일을(그것이 아버지처럼 TV를 시청하는 일이든) 마음껏 해보는 것은 분명 삶의 윤활류가 되어줄 것이다.

92세 아버지의 행복 심리학

품격 있는 삶

몇 해 전 〈신사의 품격〉이란 드라마가 방영되었다. 신사의 품격이란 무엇일까? 신사는 영어로 '젠틀맨Gentlemen'이요, 품격은 품위를 뜻하는 'Dignity'에 해당되니 좋은 단어들의 조합이다. 성경에 "너의 관용을 모든 사람에게 알게 하라"는 구절이 있다. 이때 관용은 영어 '젠틀니스Gentleness'로 다른 사람을 향한 관대함과 베풂을 의미한다. 신사들의 친절과 부드러움, 매너가 겉으로 드러나는 젠틀맨의 행동이라면 관대하고 베푸는 마음은 젠틀맨의 속마음이라고 할 수 있다. 이러한 의미에서 아버지가 신조로 삼는 몇 가지 생활 지침은 일상에서 실현되는 신사의 품격에 해당되지 않을까 싶다.

아버지는 다른 사람에게 밥을 살 때 다섯 번을 사야한다고 믿는다. 한두 번을 사면 상대방이 기억하지 못하고 세 번쯤 사면 희미하게 기억되니 다섯 번은 사야 확실하게 각인되기 때문이라고 한다. 보통 내가 한 번 사면 다음 번에는 상대방이 사는 것을 예의로 생각하기 마련이다. 아버지에게 그것은 공평성의 원리에 따른 것일 뿐 가족이나 친구 관계를 돈독하게 하는 데는 맞지 않는 이치라고 한다. 하나를 주면 하나를 받는 '기브 앤 테이크Give and Take'는 합리적이고 깔끔하지만 정이 오가고 허물없는 관계를 만들기에는 도움이 되지 않는다는 것이다. 다섯 번을 연달아 밥을 사기 위해서는 상대방과 주고받는 손익 가치 대신 일방적인 '관대함'이란 가치를 발견해야 한다. 내가 소중히 여기는 가족과 친구들에게는 이치를 따지고 공평함을 따지기보다 내가 여유가 될 때 조건없이 베풀고 나누는 것이 관계의 깊이를 더해준다.

나의 주변에도 그런 사람들이 있다. 몇 번이고 승진, 맛집, 보너스, 어떤 때는 그냥 등의 다양한 이유로 밥도 사고 커피도 사는 친구, 선배가 있다. 그럴듯한 이유를

92세 아버지의 행복 심리학

대지만 그들이 뭔가 해주고 싶어 한다는 속마음을 안다. 그래서인지 그들이 사주는 밥은 왠지 더 힘이 날 뿐만 아니라 힘든 일이 생기면 선뜻 고민을 털어놓게 된다. 계산하고 따져서 맞춰가는 관계는 그 수준에 머무는 한편, 내 쪽에서 먼저 따지지 않고 주는 시간과 마음, 친절은 관계를 깊게 만들고 발전시킨다. 아버지의 말대로 다섯 번의 밥을 사는 건 도인과 부자가 아닌 이상 쉬운 일이 아니다. 그러나 다섯 번의 시간을 내주고, 안부를 묻고, 친절을 베푸는 것은 어렵지 않은 일이다. 중요한 건 내가 먼저 계산 없이 하는 것이고 대가를 바라지 않는 것이다. 관용의 사전적 의미에는 두 번 생각하지 않고 다른 사람에게 좋은 것을 주는 마음, 좁은 마음으로부터의 자유로움, 필요한 사람에게 행복한 마음으로 베푸는 행동 등이 있다. 이 가운데 '두 번 생각하지 않고' 주기 위해서는 두 번 생각하지 않는 습관이 필요하다.

아버지는 가게에서 만 원 이하의 물건을 살 때나 식당에서 2만 원 이하의 밥값을 낼 때는 현금으로 내는 것을 원칙으로 한다. 만 원 정도는 현금으로 내야 소상인들에게 작은 도움이 될 것이라고 생각하기 때문이다. 밥집이 모여 있는 여행지에서 식당을 고를 때는 제일 잘되는 집 대신 비슷한 수준의 덜 되는 집에서 먹자고 한다. 잘 되는 집은 우리가 굳이 가지 않아도 되니 비슷한 수준임에도 손님이 적은 식당에서 먹는 것이 옳다고 생각한다. 아버지는 환자가 많지 않은 동네 병원을 주로 다니는데 환자가 많은 병원보다 의사가 시간을 많이 할애하고 친절하다는 이유에서다.

아버지의 이런 소소한 생활 지침에는 서로 힘이 되고 서로 돕고자 하는 '상생'이라는 공통점이 있다. 비록 금전적으로는 작은 선택이지만 이왕이면 나의 행동이나 선택이 상대방에게 도움이 되길 바라는 배려. 상생이라는 거창한 의미를 붙이긴 어려워도 급한 사람에게 화장실 양보하기, 계산대에서 물건을 적게 들고 있는 사람에게 순서를 내주기, 병원에서 보호자나 간병인이 없는 환자를 도와주기 등과 같이 우리 주변에는 무수한 배려의 기회가 있다. 그것을 망설임 없이 실천할 수 있는 것, 아버지처럼 생활습관으로 만드는 것은 삶의 품격을 높이는 일임에 틀림없다.

아버지는 손주들에게 용돈을 줄 때도 이유를 찾지 않는다. 그냥 주는 것이라고 한다. 아버지의 '그냥' 용돈은 뜻밖의 보너스기에 더 기분이 좋고 부담이 없다. 이

92세 아버지의 행복 심리학

유 없는 호의를 받는 건 놀랍고 기분 좋은 일이다. '그냥' 이란 이유로 작은 친절과 호의를 주고받는 데서 오는 기쁨은 조건을 내세워 서로 계산하고 신경 쓰는 데서 오는 피곤함과 대비된다. 직장에서, 집에서, 주변인들에게 그냥 웃고 그냥 친절하게 대하는 것 역시 진정한 품격에 해당되지 않을까. "너의 관용을 모든 사람에게 알게 하라"는 성경 구절은 배려와 관대함은 마음속에만 존재하는 것이 아니라 행동으로 표현하여 주변 사람들이 알아차릴 수 있어야 함을 강조하는 말이다. 상대방을 아무리 생각해도 표현하지 않는다면 상대가 알 수가 없고 자신 또한 생각에 그치고 만다. 관용은 행동으로 표현될 때 진가를 발휘한다.

아버지의 말에 따르면, 인간관계는 가까울수록 따지지 말고 도리를 들먹이지 말아야 한다. 논리에 맞지 않더라도 공평이나 정의감으로 따지지 말아야 한다는 것이다. 가족심리학자 머레이 보웬은 가족관계를 "감정덩어리, 감정으로 얽혀진 관계"라고 설명한다. 부부가 다투는 표면상의 이유가 돈 문제, 자녀 문제라면 숨겨진 이유는 서로에게 쌓인 감정 때문일 경우가 많다. 관계의 문제를 옳고 그르다는 기준으로 따지는 것은 불가능하다. 누가 맞든 틀리든, 말이 되든 안 되든, 내가 감정적으로 양보하는 것, 감정적으로 져주는 것이 관계를 풀어나가는 시작이다. '관용'이란 말에는 남의 잘못을 너그럽게 받아들이는 것과 참아주는 것이 포함된다. 잘잘못을 따지는 대신, 그냥 너그러운 마음으로 생각해주는 것이야말로 가까운 인간관계가 더 친밀하고 깊어지기 위해 필요한 마음의 행동이다. '그냥'의 친절과 관용은 삶의 품격을 높이고 자신과 상대방을 즐겁고 행복하게 만든다. 비싼 밥을 사지 않아도, 마구 칭찬을 하지 않아도, 파격적인 친절을 베풀지 않아도, 나의 '약간의 그냥'으로 우리 모두의 삶은 조금 더 품격 있지 않을까.

92세 아버지의 행복 심리학

누군가를 위한
위로 패키지 만들기

살다 보면 누구나 위로가 필요한 순간이 있다. 위로란 상
대방이 어려움에 처했을 때 힘과 용기를 주는 말이나 행
동이다. 위로의 다양한 방법 중에 동서고금을 막론하고
보편적인 것은 바로 먹는 것이다. 지쳐 돌아온 자식에게
따뜻한 밥상을 차려주는 어머니, 낙담한 친구에게 술이
나 밥을 사는 친구, 열심히 일한 직원들에게 한턱내는 상
사 등은 우리 문화에만 있는 일이 아니다. 서양에서는 이
런 음식을 '위로의 음식Comfort Food'이라고 부른다. 오래
전 베스트셀러였던 《내 영혼의 닭고기 수프》의 닭고기

수프가 대표적이다. 어린 시절에 어머니가 해주던 음식, 추억의 음식에서 안전함과 따뜻함을 느끼면서 위로를 얻는 것이다. 문화와 사람마다 선호하는 위로의 음식이 다르듯 위로를 주고받는 방법도 차이가 있다. 어떤 사람은 말로, 어떤 사람은 함께하는 것으로, 어떤 사람은 작은 선물로, 상대방의 슬픔을 위로하고 괴로움을 덜어주고 용기를 주고자 한다.

아버지도 자신만의 위로 방식이 있다. 표현에 익숙하지 않은 아버지는 주로 행동으로 자신의 마음을 표현한다. 어머니가 아플 때는 방해가 되지 않도록 조용히 기다려주는 한편, 회복에 도움이 될 만한 보조식품과 먹거리를 사다 놓는다. 어머니에게 물어보지 않고 사는 경우가 대부분이라 불필요한 것을 사올 때가 많지만 아버지는 개의치 않는다. 어머니만을 생각하고 수고하는 것을 중요시 여기기 때문이다.

아버지의 위로는 보통 3종 패키지로 표현된다. 먹거리, '힘내라'는 한마디, 그리고 미소로 구성된 위로 패키지다. 우리 가족은 모두 아버지에게 위로 패키지를 받아본 경험이 있다. 우선 먹어야 힘이 나기 때문에 고기와 과일이 위로 패키지의 중심이다. 상대방이 고기나 과

　　　　　　　92세 아버지의 행복 심리학

일을 좋아하는지에 상관없이 아버지에게는 '고기=힘'이기 때문이다. 그런가 하면 아버지는 힘든 상황을 자세하게 묻거나 의견을 내놓는 대신 "힘내라"는 한마디를 한다. 아버지로부터 뭔가 더 위로의 말을 기대해보지만 보통은 그뿐이다. 대신 힘내라는 말 한마디에 동반되는 조용한 미소는 강력한 위로가 된다. 아버지가 나의 마음을 알아준다는 것, 나를 지지하고 있다는 느낌, 혼자가 아니라는 안도감, 내가 맞건 틀리건 내 편이라는 확신을 받기 때문이다.

어떤 위로의 말보다 한편이라는 확신, 함께한다는 마음, 같이 있어주는 것, 상대방의 감정과 이야기를 받아주는 것이 더 큰 힘이 될 때가 있다. 직업상 상담을 하다 보면 몇 마디 하지 않았는데도 상대방이 한결 편해졌다고 할 때가 있다. 마음속에 있는 것을 털어놓으며 그 가운데 스스로 마음을 추스르고 해답을 찾아가는 능력이 우리 안에 있기 때문이다.

아버지의 말에 따르면, 진정한 위로는 일방통행이어야 한다. 상대방이 위로를 구할 때 반응하는 것이 아니라 따지지 않고 자발적이고 기꺼운 마음으로 하는 위로라는 뜻이다. 상대방에게 힘드냐고 묻거나 확인하지 않고, 내가 선뜻 '알아서' 위로의 행동을 보여주는 것이다. 무엇보다 위로는 보상을 바라거나 생색을 내서는 안 된다. 내가 이만큼 위로했다고 상대방이 그만큼 괜찮아지거나 고마워해야 한다고 생각해서는 안 된다. 위로 한두 번으로 견디고 일어서기는 어려운 일이다. 위로한 만큼 반응이 없어서 섭섭하다면 그것은 자기만족에 불과하다. 위로는 나의 마음에서 우러나와 공짜로 주어야 하고 그 자체로 만족해야 한다.

위로를 잘못하면 오히려 하지 않은 것보다 못한 경우가 종종 있다. 상대방을 위로한다고 더 힘든 사람의 이야기를 꺼내거나, 살다 보면 누구나 힘든 상황이 오는 법이라며 상대방의 어려움을 깎아내리거나, 얼른 털고 일어나라며 독촉하거나, 문제에 대한 답을 성급히 제시하는 것은 상대방의 마음을 더 복잡하고 힘들게 만든다. 상대방이 아직 마음으로 받아들이지 못한 상태라면 어떤 '답'이 아닌 힘든 마음과 복잡한 생각이 빠져나올 수 있는 '출구'가 되어야 한다.

심리학자 칼 로저스의 '상담에서는 기본적인 세 가지만 있어도 반 이상이 효과를 얻는다'에 따르면, 첫 번째는 상대방의 마음과 생각을 여과없이 받아주고 상대방의 입장에서 들어주는 공감이다. 영어에서는 공감을 '상대방의 구두를 신다', '상대방의 안경을 쓴다'고 표현할 정도로 상대의 시각에서 문제를 이해하고 상대의 발걸음으로 문제 해결을 찾아본다는 뜻을 가진다. 공감은 생각보다 어렵다. 우리는 듣기보다 말하기에, 받아들이기보다 판단하기에, 이해하기보다 분석하기에, 인내심보다 조급한 조언에 익숙하기 때문이다.

두 번째는 조건 없는 긍정적인 시선이다. 상대방의 외모, 능력, 종교, 삶의 방식 등과 상관없이 긍정적으로 바라보는 마음이다. 조건을 달지 않고 바라보는 것은 쉬운 일이 아니다. 상대방이 예의가 바르니까, 학교를 제대로 다니니까, 일을 잘하니까, 성격이 좋으니까 등의 이유가 아니라 아무 조건 없이 상대방을 한 인격체로 존중하고 좋은 사람으로 바라보면 신뢰와 공감이 오가는 관계가 된다. 오래전 소년원에 수감된 청소년들과 상담한 적이 있었다. 그때 아이들의 냉랭한 마음을 한번에 녹이는 말이 있었는데 바로 "너는 좋은 사람이다"였다. 비록 잘못해서 벌을 받고 있지만 사실은 착하고 좋은 청소년이란 조건 없는 말에 아이들은 마음을 열곤 했다.

세 번째는 진정성이다. 상대방의 심정과 이야기를

들어주되 마음을 다해 진심으로 들어주어야 전달 효과가 있다는 의미다. 상대방의 이야기를 뻔한 이야기, 누구나 겪는 일, 신세 한탄 정도로 듣는 것이 아니라 그에게는 가장 절실하고 힘든 이야기로 들어주는 것이다. 공감, 긍정적인 시선, 진심, 이 세 가지로 위로한다면 말 한마디, 얼굴 표정, 눈빛, 미소만으로도 큰 위로가 된다.

아버지의 3종 위로 패키지는 상대에 따라 맞춤식으로 변한다. 아들에게는 술 한잔을 같이 하는 것, 손주에게는 용돈을 주는 것, 딸과는 산책을 나가는 것 등으로 상대방의 취향이나 상태를 고려한다. 나의 위로가 효과가 없는 이유는 상대에 대해 신중하게 고려하지 않았기 때문일 수도 있다. 말이 필요 없는 사람에게 말을 많이 하거나, 먹기 싫은 사람에게 밥을 먹자고 하거나, 움직이기 싫은 사람에게 나가자고 하는 것 등이다.

위로도 맞춤이 필요한 배려다. 상담 일을 하면서 기억나는 위로가 있다. 한 번은 고등학교 남학생이 상담실에 불려왔다. 불만과 창피함에 자신의 다리 속에 머리를 박고 꽤 오랜 시간 침묵으로 일관했다. 그때 나도 남학생과 같은 자세로 아무 말없이 한참 앉아 있었다. 오랜 시간이 흐른 후 학생이 얼굴을 들 때 나도 함께 일어나 상담을 끝낸 적이 있다. 학생의 처지를 말로 풀어내기보다 같은 자세로 앉아 있으면서(매우 힘들었다) 학생의 마음 높이에서 이해하려고 했던 것이 위로가 된 듯 싶다. 누군가를 위한 나만의 '위로 패키지'를 만들며 무엇을 넣을까 고민하는 일은 위로하는 사람만이 느낄 수 있는 특별한 행복이다.

긴 안목으로 큰 그림을

사람들은 어려운 일이 닥치면 자신이 주인공인 비극적인 드라마를 상상하곤 한다. 마치 인생이 끝난 듯한 비애, 세상에 혼자라는 처절함, 나의 노력을 배반하는 인생의 허무함, 나를 몰라주는 세상에 대한 원망, 나를 억울하게 만든 사람에 대한 복수심 등으로 감정은 점점 고조된다. 위기와 문제의 한가운데 있으면 그 안에서 모든 에너지가 소진되고 감정적으로 고조되기 때문에 다른 생각을 할 여유와 객관적인 시각이 사라진다.

감정은 마치 카메라로 물체를 가까이 당겨 찍는 줌

92세 아버지의 행복 심리학

인 기능처럼 깊이 몰입하면 다른 것이 시야에 들어오지 않는다. 실연의 감정에 빠진 사람은 새로운 사랑이 찾아온다고 생각하기 어렵고, 시험을 못 본 사람은 실의에 빠져 또 다른 기회를 생각하기 어렵다. 이럴 때는 카메라의 렌즈를 줌아웃하듯 한 발자국 뒤로 물러나 좁은 시야에서 벗어나는 것이 필요하다. 시간이 지난 뒤에도 지금의 상황이 절실하고 중요할지 자문해보는 것이다.

카메라를 사용할 때 물체를 좀 더 확대해서 찍기 위해 줌렌즈를 사용한다. 줌인으로 멀리 있는 사물을 가까이 끌어당겨 찍으면 정확하고 세부적인 이미지를 볼 수 있는 반면 배경의 크기는 줄어든다. 오케스트라의 사진을 찍을 때 자세히 보고 싶거나 부각하고 싶은 연주자의 모습에 초점을 맞추어 줌인하면 오케스트라 전체는 눈에 들어오지 않는다. 카메라의 줌인 기능처럼 시야가 좁아지면 내 눈에 들어오는 것이 전부인 양 시야에 들어오지 않는 것들을 보지 못한다. 마찬가지로 눈앞에 펼쳐진 상황이나 문제에 몰두하면 문제 외의 것들에 시선을 돌리거나 긴 안목으로 보지 못하는 경우가 종종 있다.

사춘기의 아이들은 그때의 실패가 인생의 끝인 것처럼 실망하고 한두 번의 실수에도 크게 낙담한다. 그 이유는 자기중심적인 시각에서 문제를 볼 뿐만 아니라 시간을 내다보는 조망 능력이 부족하기 때문이다. 지금의 실수가 큰일 같지만 시간이 지나면 별것이 아닐 수 있다. 오히려 그 덕분에 생각하지 못했던 기회가 올 수도 있다. 사춘기에만 해당되는 이야기가 아니다. 지금이 아니면 안 될 것 같고 지금 처한 상황이 최악인 것만 같아 마음이 조급해지는 경험은 누구나 있을 것이다.

아버지는 1년에 한 번 자신의 생일에 자손들과 함께하며 덕담의 시간을 갖는다. 아버지의 덕담에서는 오랜 세월에서 묻어나는 지혜와 통찰이 느껴진다. 특히 "작은 일에 안달복달하지 말고 인생을 길게 보라"가 기억에 남는다. 눈앞의 것만 쳐다보며 조바심을 내지 말고 렌즈를 줌아웃하여 인생의 큰 그림을 보라는 뜻이다. 아버지가 그런 말을 할 수 있는 근거는 젊어서 큰일이라 생각했던 것들이 세월이 흐르고 나니 그렇게 큰일도, 나쁜 일도 아니었다는 경험에서 비롯된다. 갑작스러운 실직, 투병, 사업 실패 등의 인생 사건들을 만날 때마다 하늘이 무너질 듯한 낭패감을 맛보았으나 시간이 지나고 나니 그 엄청난 일들도 모두 지나가고 예상과 달리 끔찍한 일은 일어나지 않았다. 시간을 길게 잡으면 문제의 심각성은 작아지기 마련이다. 현재 보는 것이 인생의 전부가 아님을 알고 마음의 여유와 평화를 유지한다면 지금의 상황에 과도하게 압도되거나 침체되지는 않을 것이다.

인생을 길게 보는 것도 중요하지만 작은 일에 안달복달하지 않는 것 또한 중요하다. 지금 하고 있는 공부나 일이 실패할까 봐 노심초사하면 슬럼프가 오고 제 능력을 발휘하기도 어려울 수 있다. 그럴수록 자신이 어떤 목표를 향해 어디로 가고 있는지를 검토하면서 인생의 큰 그림과 맞추어볼 필요가 있다. 대부분의 큰 그림은 직업적인 성공이 큰 비중을 차지하겠지만 지향하는 라이프 스타일, 결혼에 대한 생각, 직업 외 꿈꾸는 것들, 가족과의 관계, 소속감을 느끼고 함께하고 싶은 공동체 등 생각보다 많은 것들이 포함된다.

큰 그림을 그리면 지금 하는 일이나 공부에도 시간과 에너지를 지혜롭게 배분하게 되고 한 가지 결과에 너무 집착하지 않게 된다. 일상에서 벗어나 자신을 돌아보고 지인과의 대화, 독서, 여행 등을 통해 하고 있는 것과 앞으로의 계획을 점검하거나 누군가와 나의 큰 그림과 계획에 대해 논의하는 것도 괜찮다. 잘난 척도, 자존심 상하는 일도, 비밀스러운 일도 아니다. 그들이 믿을 만하고 상식 있는 사람이라면 나를 비추어보는 거울이 되기 때문이다. 이런 점검의 시간을 가지면 눈앞의 일에 집중하느라 자칫 놓칠 수도 있는 것들을 보다 명확하고 객관적인 시각으로 볼 수 있다.

우울증 치료로 유명한 심리학자 아론 벡의 '생각의 오류'를 보면 사람들이 여유를 가지고 길게 바라보지 못하는 이유를 찾을 수 있다. 일반적으로 우리가 가지는 생각의 오류는 몇 가지 패턴이 있다. 긍정적인 부분은 빼고 부정적인 부분에만 집중하는 것, 충분한 근거없이 결론을 짓는 것, 상황이 좋지 않으면 다른 상황도 좋지 않을 것이라고 단정해 버리는 것, 단점(실패)은 크게 보고 장점(성공)은 작게 보는 것, 발생한 문제를 본질 이상으로 확대 해석하는 것, 누구에게나 일어날 수 있는 상황을 너무 개인적인 의미로 받아들이는 것, 한두 번의 실수나 잘못으로 자신에게 '한심하다', '되는 일이 없다' 같은 부정적인 꼬리표를 다는 것, 좋고 나쁘고의 중간이 없는 이분법적 사고 등이다. 이러한 생각의 오류가 습관이 되면 조급하고 극단적인 생각에 치우치기 쉬울 뿐 아니라 편협한 시각에서 벗어나기가 어렵다.

옛 어른들처럼 아버지도 가끔씩 "이 시간도 다 지나

92세 아버지의 행복 심리학

가기 마련이다"라고 말한다. 한창 힘들 때는 귀에 들어오지 않지만 시간이 흐르면 아버지의 말에 공감할 때가 많다. 힘든 시간이 있다가도 잠시의 휴식과 여유가 찾아오고 또 다른 힘듦으로 수고하고 애써야 살아지는 게 인생이다. 눈앞에 닥친 일도 언젠가 지나갈 것이기에 너무 조바심을 내거나 걱정하지 말고 큰 그림을 그리면서 지금을 잘 버텨내는 것이 정답이 아닐까.

아버지의 언어습관

아버지는 어디를 가든 자신만의 인사를 한다. "수고하십니다." 택시를 타자마자, 은행 창구에 서자마자, 병원에 들어가자마자, 아버지가 으레 하는 첫 인사는 언제나 "수고하십니다"다. 유난히 크고 우렁찬 목소리로 인사하는 탓에 뜬금없고 민망할 때도 있지만 거르지 않는 아버지의 인사에 모두들 미소를 보낸다.

　아버지는 자식과 통화할 때 "고맙다"라는 말을 빠뜨리지 않는다. 할아버지 제사에 관한 내용이든, 아버지 입원에 관한 내용이든 상관없이 고맙다는 말로 마무리한다.

92세 아버지의 행복 심리학

사소한 이야기를 나누었을 뿐인데 고맙다는 인사를 받으니 당황스럽기도 하지만 기분이 좋아진다. 아버지에게 안부를 물으면 매번 고맙다는 인사를 듣는 탓에 어쩌다 고맙다는 말없이 황급히 수화기를 놓는 날엔 걱정이 될 정도다. 아버지에게 무엇이 고맙냐고 물어보면 답은 싱겁기 짝이 없다. 그냥 고맙다고 한다.

고마움의 표현은 단순한 매너, 예의범절의 차원을 넘어 하는 사람과 받는 사람 모두를 기분 좋게 만든다. 상대방의 노력, 마음씨, 수고 등에 대한 감사의 표현인 동시에 상대방을 좋은 사람으로, 고마운 사람으로 대하는 행동이다. 좋은 사람이라고 인정을 받으면 기분만 좋은 것이 아니라 자존감이 올라가고 에너지가 생긴다. 호의나 친절을 베풀어 고맙다는 인사 안에는 당신은 친절하고 괜찮은 사람이란 인정이 포함되어 있기 때문이다. 다른 사람이 나에게 도움을 받았고 고마워한다는 사실을 알게 되는 순간 내 안의 좋은 에너지들이 자극을 받는다.

사실 고마움의 표현은 받는 사람보다 하는 사람에게 돌아오는 효과가 더 크다. 고마운 마음을 갖고 표현하면 자신 안에 쌓여 있던 부정적인 감정과 생각들이 상쇄

되어 화, 불안, 원망 등의 감정이 해소될 뿐 아니라 좋은 호르몬과 뇌 활동, 신체 에너지가 증가하여 면역력이 강화되고 즐거움, 만족감, 희망과 같은 긍정적인 감정들을 촉진시켜 정서를 긍정적인 방향으로 바꾸기 때문이다.[11] 즉, 고마움이라는 좋은 감정이 부정적인 감정을 이기고 감정 체제의 우위를 차지하는 것이다. "고마워"라는 말을 한 순간, 상쾌함과 가벼운 느낌이 마음에 가득 차서 무엇이든 '잘될 것 같은' 희망이 솟구치게 되는 경험이다.

고마움이 가져오는 효과는 전염성이 있다.[12] 누군가 내게 고마움을 표현하면 나 또한 다른 누군가에게 고마운 마음을 갖거나 표현하게 된다는 뜻이다. 배우자로부터 고맙다는 인사를 들으면 새삼스레 부모님에게 고마운 마음이 들고, 상사로부터 고맙다는 인사를 들으면 문득 동료에게 고마운 마음이 생긴다. 고마움은 전염된다. 한 사람으로 시작된 고마움이 여러 사람을 기분 좋게 만드는 선순환이다.

아버지가 또 자주 하는 말은 "애쓴다"이다. 우리 가족은 아버지의 '애쓴다', '애썼다'라는 표현에 익숙하다. 어머니가 명절상을 차리고 있으면 애쓴다며 어깨를 주무르고, 손주가 대학에 들어가거나 취업을 하면 애썼다고 어깨를 두드려주며, 해외에서 온 자식에게도 애썼다는 말과 함께 가방을 받아 든다. 음식을 차리는 수고, 공부하고 노력한 수고, 비행기를 타고 온 수고 등 상대방의 수고에 대한 대견함, 고마움, 만족스러움의 표현이다. 그런데 딸아이의 숙제를 봐주고 있는 모습을 보며 애쓴다 하고, 글을 쓰고 있어도 애쓴다 하며, 운전하여 어디를 다녀와도(심지어 놀다 와도) 애썼다고 한다. 당연한 일이고 큰 수고를 한 것도 아니다. 단지 내가 좋은 일을 한 것뿐인데 "애쓴다"라는 말을 들으면 그것이 취미든 놀이든 무엇이든 내가 열심히 살고 있다는 뜻으로 들린다. 누군가로부터 너는 열심히 산다, 노력한다는 이야기를 들으면(살짝 찔리기도 하지만) 열심히 사는 것 같아 기분이 좋아지고 더 열심히 살아야겠다는 생각이 든다.

  '애쓰다'라는 말을 찾아보니 애는 '창자'를 뜻하는 옛말로 '무엇인가를 이루기 위해 자발적으로 힘을 쓰고 정성을 다하는(다음 카페 감성한모금)'과 '마음과 힘을 다해 무엇을 이루려고 힘쓰다(김정선《동사의 맛》)'로 설명된다. 마음과 힘을 다해, 정성을 다해 하고 있다는 말은 듣는 사람에게는 '마음과 힘을 다하고 정성을 기울이는' 자신의 모습에 대한 칭찬과 격려로 들린다.

국제 학교에서 아이들의 성적표와 추천서에 제일 많이 사용되는 단어 중 하나는 '열심히 한다', '최선을 다 한다'라는 뜻의 'Hardworking', 'Try His or Her Best'라 는 표현이다. '잘한다', '우수하다'라는 칭찬보다 열심히 최선을 다하는 것이 배움과 성장의 주요 지표가 되고, 열 심히 한 아이들, 또 덜 열심히 한 아이들 모두에게 격려 와 동시에 노력의 가치를 가르쳐준다. 아버지에게 한 수 배운 걸 잘 써먹는다. 직장 다니는 조카를 만나면 애쓴다 하고, 가게를 하는 언니와 전화를 하면 애쓴다 하고, 심 지어 여행 떠난 딸에게도 애쓴다 한다. 다들 자신의 자리 에서 주어진 일, 선택한 활동을 열심히 하는 모습이 보기 좋고 나도 그렇게 살고 싶다는 마음을 전하기 위해서다.

　　아버지에게 조언을 구하면 아버지의 답은 거의 비 슷하다. "내가 뭘 알겠니. 네가 더 잘 알 텐데"이다. 기대 한 답이 돌아오지 않고 오히려 물어본 내가 잘 알 거라 고 하니 더 이상 묻지 않게 된다. 이미 많은 생각을 했기 에 답을 찾았을 것이며 그 답은 틀리지 않았다고 말해주 는 것 같다. 우리가 누군가의 의견을 물을 때면 이런저런 생각 끝에 결정을 내려놓고는 상대방의 확인을 받고 싶 어서인 경우가 많다. 상대방이 비슷한 의견을 내놓으면 확신이 서고 안도가 되며, 쉬운 결정이 아니라고 덧붙여 주면 자신의 마음을 알아주는 것 같아 위로가 된다.

아버지에게 나의 남편을 한 번 보고 어떻게 결혼을 승낙했냐고 농담삼아 물어본 적이 있다. 아버지는 자신이 김 서방을 어떻게 알겠냐며 자신이 잘 아는 딸을 믿고 승낙했다는 것이다. 당신을 믿는다는 말처럼 힘과 용기를 주는 것이 또 있을까. 비록 자신의 결정이 백 퍼센트 옳지 않다고 해도 그 결정을 내린 자신의 인격과 가치, 생각을 믿어준다는 사실만으로도 자존감은 올라간다.

아버지에게 들어보지 못한 말도 있다. "절대", "결코", "꼭", "확실히"다. 아버지의 생각을 물어보면 "좋다", "잘 생각했다", "생각해보겠다", "알겠다"와 같이 짧게 확인하는 정도로 답한다. 의견 개진과 의사결정에 강한 목소리를 내지 않는다. 유순한 성격, 적은 말수, 따라가는 스타일도 이유가 되겠다. 그러나 진짜 이유는 절대적이고 확실한 답을 낼 자신이 없고 약속이나 생각을 확실하게 지켜낼 자신이 없기 때문이다. 지나친 자신감과 감정에 빠져 지키지 못할 말이나 약속을 하고 싶지 않다는 마음과 세상에는 자신을 비롯하여 무조건 믿을 수 있는 것은 없다는 생각에서 비롯되는 것 같다.

심리학자 앨버트 앨리스는 사람들이 불행을 느끼는 이유는 어떤 사건이나 일 때문이 아니라 그것을 해석하는 데 사용하는 비합리적이고 비현실적인 믿음 때문이라고 본다. 대표적인 비합리적 믿음은 '꼭 인정받아야 한다', '모든 일에 성공하고 완벽해야 한다', '계획한 대로 일이 되지 않으면 끔찍하다', '사람의 문제에는 확실한 답이 있어야 하며 그렇지 못하면 끔찍하다' 등이다. 인지행동상담에서는 이러한 잘못된 생각들을 '모든 일에 성공하면 좋겠지만 항상 성공할 수는 없다', '나를 아는 모든 사람에게 사랑과 인정을 받으면 좋지만 그렇지 않을 수도 있다'와 같이 유연하고 합리적인 생각들로 바꾸는 데 초점을 둔다. '절대로', '기필코'와 같은 극단적인 표현은 극단적인 행동으로 이어지고 극단적인 생각은 극단적인 말로 이어진다. 강한 임팩트를 위해 때로는 극단적인 표현도 필요하지만 극단적인 말은 종종 극단적인 결과를 가져온다.

상처를 주는 일, 받는 일의 주범은 말이 아닐까 싶다. 상처받으라고 하는 말, 과장된 말, 자랑이 의도된 말, 깎아내리는 말, 배려 없이 한 말 등으로 말한 사람과 듣는 사람 모두 모욕과 상처를 경험하게 된다. 감정이 치솟거나 당황스러운 상황에서도 후회하지 않으려면 극단적인 표현을 절제해야 한다. 말의 절제를 위해서는 말을 미루고 천천히 하는 연습이 필요하다. 시간이 지나면 훨씬 절제되고 정리된 표현으로 말할 수 있기 때문이다. 어떤 표현을 쓸 것인가, 어떤 말을 할 것인가, 어떤 표정을 지을 것인가 생각하고 준비해서 말한다면 말이 갖는 자발성, 즉시성, 생동감의 파워를 삭감시킬 수 있다. 유쾌한 기분이 들게 하는 말, 분위기를 즐겁게 하는 말, 배려가 담긴 말, 힘이 나는 말, 재치 있게 넘어가는 말을 많이 쓰면 예상치 못한 상황에서도 자연스럽게 그런 말이 흘러나온다. 말로 상처받았다 대신 말로 기운받았다, 말로 화냈다 대신 말로 화를 참았다는 것은 따뜻하고 기분 좋은 삶으로 가는 비결이다. 말은 자신의 선택이고 역량이며 자신이 어떤 사람인가를 드러내는 지표가 된다.

누군가에게
진정 도움이 되고 싶다면

아버지는 친척들이 많은 탓에 도움을 주는 역할을 많이 해왔다. 금전적인 문제도 있었지만 사촌 형제들의 거취 문제, 사업에 관한 결정, 자녀의 취업 등에 대해 아버지의 조언을 구하는 경우가 많았다. 세월이 흘러 아버지를 찾아오던 사촌도 두어 분밖에 남지 않았지만 그분들과의 추억담을 들어보면 아버지가 그들에게 의지가 되고 도움이 되었다는 사실을 알 수 있다.

평소 말수도 적고 자식들에게도 의견을 내세운 적이 없는 아버지가 친척들에게는 좋은 카운슬러로 남아

92세 아버지의 행복 심리학

있는 것은 흥미롭다. 금전적인 문제를 신속히 처리해줄 만큼 돈이 많은 것도 아니고, 정보를 제공하고 연결해줄 만한 정보력과 인맥이 있는 것도 아니며, 다양한 문제에 척척 해답을 제시할 만큼 지식이 풍부한 것도 아니기 때문이다. 아버지가 좋은 카운슬러로 각인된 이유는 상대방에게 도움이 되고자 하는 마음이 오해나 불쾌감 없이 편안하게 전달되었기 때문이라고 짐작된다. 상대방의 이야기를 듣는 태도, 자신의 의견을 내놓는 방식, 부담스러운 요구도 기분 나쁘지 않게 거절하는 요령, 사생활을 침범하지 않고 사정을 물어보는 방법 등이 도움을 구하는 사람에게 효과적으로 전해졌다고 본다.

아버지가 다른 사람과 이야기를 나누는 모습을 보면 아버지의 목소리는 거의 들리지 않는다. 주로 도움을 청하는 사람 쪽의 목소리가 들리고 아버지는 말없이 듣고 있다. 상대방의 어려운 처지를 공감한다는 차원에서 난처한 표정을 짓거나 "음, 그렇구만" 같은 추임새를 넣어 이야기의 박자를 맞추는 것과 대조적이다. 조용히 상대방의 이야기를 듣다 보면 그 마음을 헤아릴 수 있고 차근차근 문제를 파악할 수 있을 뿐 아니라 나에게 주파수를 맞추듯 상대방도 침착하게 문제를 스스로 정리할 수 있다. 충분히 들어주는 것만으로도 상대방을 이미 돕고 있다고 해도 과언이 아니다.

상담은 듣기가 반을 차지한다고 할 정도로 중요하지만 말처럼 쉽지가 않다. 상대방의 이야기를 듣노라면, 궁금해서 물어보고 끼어들게 될 뿐만 아니라 지레짐작으로 문제를 단정짓기도 한다. 미국 대학원에서 상담을 공부할 때 뜻하지 않게 훌륭한 경청자로 평가된 적이 있다. 미국인 학생과 짝을 지어 역할극을 할 때였다. 미국 학생은 말하고 나는 그 말을 들어야 했는데 영어를 못 알아들을까 봐 열심히 들었던 것이 좋은 경청자의 모델로 보인 것이다. 만약 한국어였다면 그렇게까지 열심히 듣지 않았을 것을 알기에 그 칭찬에 낯이 뜨거웠다.

아버지는 질문을 할 때 상대방의 자존심을 건드리거나 사생활을 침해할까 봐 매우 조심스러워한다. 아버지 말에 따르면 돈, 갈등 관계, 건강 문제에 관해서는 스스로 이야기하기 전에는 묻지 않는 것이 예의라고 한다. 사적인 부분을 캐묻는 것은 상대방의 문제를 정확히 알기 위해서라기보다 자신의 호기심에서 비롯되는 경우가 많다. "왜"라는 질문도 가능한 피하는 것이 좋다. 이유를 묻는 질문은 상대방의 처신에 대한 비난이나 질책으로

92세 아버지의 행복 심리학

받아들여질 수 있기 때문이다. 그런가 하면, 얼른 도움을 주고 싶다는 생각에 조급하게 해결책을 제시하거나 충고와 조언을 하는 것도 바람직하지 않다. 대부분 상대방은 이미 해결책을 갖고 있으며 그에 대한 지지와 확인을 원하기 때문이다. 부부 간에도, 친구 간에도, 성급한 결론 제시는 상대방으로 하여금 반발심을 일으키고 마음의 문을 닫게 하는 경우가 많다. 상대방 역시 알고 있지만 아직 마음이 풀리지 않거나 자신이 없기 때문에 실행하지 못하고 있기 때문이다. 충고와 조언도 상대방이 요청할 때 하는 것이 정답이다.

조언을 제시하는 방법도 마치 이것이 답이라는 식, 이렇게 해야만 된다는 식, 이렇게 하지 않으면 해결이 없다는 식으로 단정짓거나 강요하는 방식은 안 된다. 아버지는 조언을 할 때 "나도 잘 모르겠지만", "내가 틀릴 수도 있지만"을 붙여서 자신의 생각만 옳다는 느낌을 주지 않는다. 정답이 없는 문제가 더 많다. 부부, 형제, 친구 등 관계의 문제는 참고 기다리는 것이 답이 아니겠냐고 한다. 자녀가 속을 썩이는 것도 믿고 기다리는 수밖에 없을 때가 많고, 친구 간의 다툼도 오해나 갈등이 풀리길 기다려야 하는 때가 많다. 때로는 말보다 작은 행동이 도움이 된다. 물 한 잔을 주고, 어깨를 두드려주고, 잘 헤쳐 나갈 것이란 눈빛으로 바라보고, 나에게 있는 정보를 나누고, 재치 있게 칭찬을 해주는 행동들은 해결책만큼 도움이 된다.

국제 학교에서 인성교육 시간을 통해 아이들에게 서로의 고민을 들어주고 도움이 되어주는 방법을 가르쳤다. 열 살짜리 아이들에게 친구의 이야기를 경청하는 법, 질문하는 법, 공감을 표현하는 법, 조언을 제시하는 법 등을 가르치면서 놀랐던 것은 아이들에게도 좋은 상담자의 자질이 있다는 것이었다. 누구나 좋은 상담자가 될 수 있다. 누군가에게 도움이 되는 것, 때로 상담자가 되어주는 것도 배우고 연습하고 반복할 때 더 쉬워진다. 아버지가 수시로 찾아오는 친척들이 부담스럽지 않았던 이유는 이런저런 고민을 들어 오면서 상대방에게 도움이 되는 것과 되지 않는 것을 몸에 밴 습관처럼 깨달았기 때문이 아닐까 싶다.

나를 찾아오는 누군가가 행여 나로 인해 상처를 입거나 실망하지 않으려면 내려놓아야 할 몇 가지가 있다. 묻고 싶고 알고 싶은 호기심(상대방을 통해 나를 충족시키는 것이다), 문제가 생긴 것은 상대방의 잘못이나 부족함

때문이라는 분석(상대방은 죄책감과 수치심을 느끼게 된다),
이때다 훈계하려는 부모님 마인드(상대방은 가르침을 받
으려고 온 것이 아니다), 옳고 그름, 맞고 틀림에 대한 객
관적 판단(상대방도 이미 알고 있다), 신속한 문제 해결을
강조하는 해결사적 정의감(문제 해결은 대부분 어느 정도
의 시간이 필요하다), 다 잘될 것이라는 호언장담(자신감보
다 부담감을 느낄 수 있다), 상대방에게 자신의 문제를 털
어놓는 센스 없음(상대방은 혼란스러워진다) 등이다. 말하
기보다 말하지 않는 것이 어렵고, 참견하는 것보다 조용
히 있는 것이 어려우며, 적절한 조언보다 마음에 와닿는
공감이 어려운 것은 우리는 본질적으로 '나'에게 초점이
맞춰져 있기 때문이다. 누군가 나로 인해 위로와 힘을 얻
고자 할 때는 나를 잠시 잊고 내려놓아야 한다.

인내심의 힘

나이가 들면 딱히 급한 일이 없어서 마음의 여유가 생기는 걸까. 아버지를 옆에서 지켜보며 가장 많이 드는 생각은 인내심이 많다는 것이다. 병원 진료가 한두 시간 지체되고 음식점 대기자가 줄어들지 않고 차가 앞뒤로 꽉 막혀 갈 생각을 안 하는 도로에서도 아버지는 잘도 기다린다. 구시렁대며 화를 내는 나와 대조적으로 귀에 이어폰을 꽂고 라디오를 들으면서(손바닥 봉을 항상 굴리면서) 주위를 바라보는 아버지는 태연하고 평온하기까지 하다. 어차피 기다려야 한다면 차라리 그 시간을 즐기자는 마

92세 아버지의 행복 심리학

음, 기다림 때문에 마음 상하지 않겠다는 태도로 보인다. 아버지야 쫓기는 일이 없고 운전대를 잡지 않고 기다리는 사람도 없으니 당연히 그럴 수도 있다. 다만 기다리는 시간을 유익한 시간으로 만들고 그것으로 인해 화와 짜증 같은 부정적인 감정의 영향을 받지 않는 것은 상당히 내공이 필요한 일이다.

아버지의 참을성이 단연 돋보이는 곳은 병원이다. 동네 병원에서 한두 달에 한 번씩 혈압약과 당뇨약을 처방받는 정도로 건강을 유지하던 아버지는 최근 대형 병원 응급실과 수술실을 출입하게 되었다. 상당히 진행된 대장 질환을 발견한 병원에서는 수반되는 증상과 불편함이 전혀 없다는 모르쇠 환자를 난감해하며 보호자를 불러 심각성을 알려주었다. 그런가 하면 아버지가 사는 집은 30년 된 연립주택이라 여름에는 찜통더위로 고생을 한다. 에어컨과 선풍기로 더위를 식히는 어머니와 달리 아버지는 손부채 하나로 한여름 더위를 나곤 한다. 선풍기를 틀면 더위를 쉽게 느끼고 지치지만 부채질은 천천히 더위를 식혀주는 효과가 있다는 것이 아버지의 설명이다. 믿거나 말거나 아버지의 부채 과학이다. 아버지 연배가 되면 주변에 화를 내거나 짜증을 내는 불친절한 사람을 대할 때도 인내심을 가지고 대한다. 돈을 꾸러 오는 친척, 시끄럽다고 불만을 토로하는 이웃, 취업 스트레스로 예민한 손녀를 마치 처음 본 사람처럼 호기심과 약간의 거리를 가지고 대하기 때문에 한결같을 수 있다.

아버지가 불편한 상황을 참는 이유는 참는 것이 최선이기 때문이다. 순서를 기다려야 목표한 바(그것이 진료이든 물건 구입이든)를 달성하게 되고, 다시 안 볼 사람이 아닌 이상 관계를 유지해야 하지 않는가. 조금만 생각을 바꾸면 기다림의 시간을 유익하고 즐겁게 활용할 방법은 많다. 무엇보다 상황에 감정적으로 대응하기보다 생각과 마음의 기어를 참는 모드로 바꾸는 것이 훨씬 간단하다. 기다리는 것은 시간 낭비요, 힘과 돈이 없는 사람의 몫이라는 생각과 달리 아버지는 기다리는 것을 삶의 부분으로 여겼다. 기다림을 손해나 피해가 아니라 당연한 삶의 과정이라고 생각하면 한결 쉬워진다. 가끔 차를 놔두고 여행을 하다 보면 자주 오지 않는 시외버스나 시골 버스를 기다리면서 어느새 쫓기는 기분을 내려놓게 된다. 차를 놓친 것, 시간을 낭비한 것, 일정이 늦어지는 것은 버스의 탓도 아니요, 나의 탓도 아니기에 기다림 자체를 받아들이게 된다. 기다림을 연습하는 것은 여유를 연습하

92세 아버지의 행복 심리학

는 것이다.

정신과 전문의 주디스 올로프는 인내심의 힘에 대해 설명한다.[13] 요약하면, 인내심은 참기만 하는 수동적인 행동이 아니다. 단순히 끝나거나 지나가길 기다리며 자신의 욕구나 권리를 억누르는 것이 아니라 오히려 지켜보면서 언제 어떻게 행동할지 생각하고 결정하는 자유다. 또한 흥분, 불평, 실망 같은 즉각적인 대응으로 중심을 잃는 것이 아니라 오히려 물러서서 상황을 파악하고 다음 행동을 준비함으로써 통제력을 갖는 것이다. 실망, 좌절, 스트레스, 실패, 고통 앞에서도 고요히 자신을 지키는 능력이다. 진료실 앞에서 오랜 시간 대기하는 아버지가 바쁜 간호사에게 연민을 느끼고, 같이 기다리는 사람들과 사소한 대화를 나누며, 라디오를 듣는 것은 검사 결과에 대한 두려움에 대처하고 다음 단계에 일어날 일을 준비하는 시간이 아닐까.

성공심리학에서는 인내심과 끈기를 성공의 비결로 설명한다. 인내심이 일상의 좌절을 받아들이고 침착하게 대처하는 것에 초점을 두는 반면, 끈기는 문제나 어려움에 부딪혀도 중단하지 않고 계속해 나가는 힘을 강조한다. 포기하고 그만두고 싶은 충동과 불안한 감정을 극복하며 목표한 바를 놓지 않는 끈기는 인내심과 달리 자신을 밀어붙이고 행동하게 한다. 끈기는 집요함이나 악착스러움 같은 부정적인 의미보다 방해와 걸림돌에도 불구하고 나아가는 끈질김, 매진과 같은 긍정적인 의미로, 추천서에 자주 등장하는 단어이기도 하다. 때를 기다리는 것, 다음 행동과 상황을 준비하며 자신의 욕구와 감정을 참는 것, 난관에 부딪혀도 포기하지 않고 열심히 하는 것, 이 세 가지야말로 취업, 연애, 관계, 사업을 비롯한 삶의 다양한 과제를 헤쳐 나가는 기본기 중에 기본인 것이다.

세상에는 기다려야 하는 일들이 무수히 많다. 공부도 시간이 지나야 어느 정도 궤도에 오르고, 병도 시간이 지나야 호전되고, 취업 준비도 상당한 노력이 있어야 결과에 도달하고, 프로젝트도 어느 정도 쌓여야 가능성이 보이고, 운동도 시간을 들여야 기술과 재미가 생긴다. 시간이 지나야 한다는 것은 마냥 기다리는 것이 아니다. 긴 시간 뒤에 올 결과를 기대하고 불확실한 미래를 인내하며 주어진 상황 안에서 열심히 준비한다는 의미다. 무엇보다 가장 기다려야 하는 것은 사람이다. 태어날 때부터 오랜 시간 엄마 배 속에서 성장하는 것처럼 사람은 기다

럼이 필요하다. 배우자도 오랜 시간이 지나야 서로 익숙해져서 쉽게 상처받고 자존심 세우는 일이 없어지며 자녀도 성장기, 사춘기를 거칠 때 부모의 말할 수 없는 인내가 필요하지 않은가. 직장 상사, 동료, 가족, 친구, 연인 등 모두가 나의 기다림과 인내가 필요한 사람들이다. 기다려주고 참아줄 때 그들은 훨씬 성숙해질 것이고 운이 좋다면 나와 오랜 시간을 함께할 수 있는 존재로 돌아올 가능성도 있다.

인내는 평생에 걸친 연습이다. 태어나면서부터 참을성이 많은 사람은 없다. 다소 느긋하고 급하지 않은 기질은 타고날 수도 있지만 인내심을 성격의 일부로 갖고 태어나는 사람은 없다. 스스로의 필요에 의해 참다 보니 인내심이 생긴 것이다. 대부분은 참아야 되는 상황을 반복하며 훈련된다. 뻔한 말로 들리겠지만 좌절의 순간이 올 때는 '참아야겠다', '참는 것이 최선이다', '참으면 복이 온다'는 결심을 통해 인내의 효과를 경험하는 것이 중요하다. 말 한마디 참은 결과, 욱하는 성질을 참은 결과, 불평을 참은 결과, 실망을 참은 결과가 상황을 해결하고 상대방을 변화시키는 놀라운 힘이 있다는 것을 알게 될 것이다.

인내심은 삶을 평온하게 하고 참지 못해서 자칫 놓치거나 망칠 수 있는 것들을 막아준다. 충동적인 결정들을 막을 수 있고, 후회할 일을 만들지 않으며, 변수가 많은 세상에서 침착하게 선택과 결정을 하게 해준다. 나의 인내심으로 덕을 본 사람들이 늘어나면 삶은 한결 가볍고 즐거워진다. 황당한 상황에서 또박또박 따지고 열을 내는 나에게 아버지는 참으라는 말 대신 "넘어가라"고 한다. 상황을, 그리고 상대방을 넘어가면 자유가 있다.

　　　　　　　92세 아버지의 행복 심리학

나도 오케이,
당신도 오케이

아버지에겐 독특한 트레이드마크가 있다. 손 인사다. 병원이나 식당, 산책길에서 아버지를 알아보거나 인사를 하는 사람을 향해 오른손을 선서하듯 살짝 든 뒤 "오케이!"라고 응수한다. 상대방과 같은 눈높이에서 하면 어색하고 쑥스러운 동작이지만 휠체어에 앉은 상태에서 하는 탓에 오히려 자연스럽다. 집 안에서 마주쳐도, 컨디션이 어떠냐고 물어봐도 항상 오케이로 답한다. 그 유쾌한 인사에 상대방도 저절로 아버지를 따라 하거나 웃음을 짓는다. 처음에는 아버지의 인사가 다른 사람들이 보기에 뜬금없고 황당하게 보이지 않을까 걱정했지만 씩씩한 오케이 인사에 대부분 즐거워하는 눈치다.

아버지 말고도 손바닥 오케이를 하는 사람이 있었다. 오래전 인도에서 살 때 우리 집에 청소를 하러 오던 인도인 조티 언니다. 청소할 것이 많거나, 시간이 지체되거나, 심지어 가족들이 다투는 민망한 일이 생겨서 미안해할 때마다 조티 언니는 오른쪽 손바닥을 들고 오케이를 하였다(조티 언니가 쓰는 몇 개의 영어 가운데 하나가 오케이였다). 난처하고 창피한 상황에서 조티 언니의 오케이가 얼마나 큰 위로와 힘이 되었는지 모른다. 지금도 가끔 힘든 상황에 처하면 조티 언니를 따라해보곤 한다. 진지한 조티 언니의 오케이와 유쾌한 아버지의 오케이는 다른 듯하지만 같은 마음이 담겨 있다. 굳이 비교하자면 조티 언니의 오케이는 "걱정하지 않아도 된다", 아버지의 오케이는 "괜찮다"일 것이다.

사실 아버지의 오케이 인사는 오랜 역사를 가지고 있다. 30년 전, 장남과 막내딸을 만나러 가는 미국 여행에서 아버지표 오케이 인사가 시작되었다. "땡큐"와 "쏘리" 외에 약간의 영어를 준비한 아버지가 막상 실전에서는 손바닥을 들고 "오케이" 하는 것으로 대처하는 바람에 고마울 때, 미안할 때, 알아듣지 못할 때, 뭐라고 말해야 될 지 모를 때, 모두 통하는 만병통치 언어가 되었다. 아버지의 여행에 동행하며 함박웃음과 함께하는 오케이 인사가 아버지에게는 물론 현지인에게도 유쾌하고 편리한 의사소통의 도구임을 실감했다. 이제는 미국인이 아닌 한국인을 향한 인사가 되었지만 아버지표 오케이는 변함없이, 그리고 정확하게 아버지의 마음과 생각을 전하고 있다.

아버지가 손바닥을 들고 "오케이"라고 하는 것은 상황에 따라 의미가 조금씩 다르다. 기분이 어떤가에는 기분이 좋다, 음식이 어떤가에는 맛있다, 사이즈가 어떤가에는 잘 맞는다, 아픈 부위가 어떤가에는 아프지 않다, 칭찬에는 고맙다의 뜻을 나타낸다. 그런가 하면, 죄송하다는 말에는 괜찮다, 힘들지 않냐는 말에는 걱정하지 않아도 된다, 물건을 사드리겠다는 말에는 필요치 않으니 사지 말라, 다리를 주물러 드리겠다는 말에는 아프지 않으니 하지 말라는 뜻을 전달한다. 그중에서도 별말없이 눈만 마주쳤는데도 나오는 오케이 인사는 더 특별하다. 자신도 괜찮고 상대방도 괜찮은 것 같다는 "I am OK, You are OK"다. 자신도 좋은 상태지만 상대방도 좋아 보인다고 하는 아버지의 인사에 불현듯 나도 좋은 상태라는 생각이 든다. 더 나아가 자신도 좋지만 모든 게 다 좋다는 "I am OK, Everything is OK"의 뜻도 있다. 자신도 좋고 모든 것이 좋다는 아버지의 만족감과 낙관주의에 나 역시 끌리듯 왠지 모를 희망을 갖게 된다.

심리학자 에릭 번은 우리의 인생 태도를 네 가지로 설명한다. 'I am not OK, You are not Ok'는 자신도 못마땅하고 별로지만 상대방 역시 별 볼일 없다는 시각이다. 자신에 대한 열등감, 낮은 자존감과 함께 세상을 보는 마음 또한 냉소적이다. 'I am OK, You are not OK'는 자신은 문제가 없는데 상대방은 문제가 있다는 시각이다. 다른 사람과 세상에 대한 비판과 원망의 태도다. 반대로 'I am not OK, You are OK'는 상대방은 좋은데 자신은 안 좋다는 시각이다. 자신에 대한 열등감과 무기력으로 우울하고 침체된 상태를 의미한다. 마지막으로 'I am OK, You are OK'는 자신도 괜찮지만 다른 사람도 괜찮다는 시각이다. 자신과 다른 사람의 가치를 인정하고 존중하며 인생을 살 만하다고 여기는 긍정적인 태도다.

사람은 나이가 들어도 가정사, 돈 문제, 노화에 따른 건강 문제 등 '문제'에서 자유롭지 못하다. 아버지는 젊었을 때처럼 문제 해결에 안간힘을 쓰기보다 자신이 할 수 있는 소극적인 대처로 만족한다. 여전히 문제는 있지만 이만하면 괜찮다고 "I am OK"를 선언한다. 다른 사람에게도 "You are OK"라고 말해준다. 아버지의 말에 따르면, 자식이 속을 좀 썩여도, 돈이 좀 빠듯해도, 건강에 이상이 있어도 죽을 정도가 아니라면 괜찮다고 한다. 갑작스러운 죽음이나 사고처럼 불행한 경우를 제외한 웬만한 문제와 어려움을 가진 인생은 OK 인생이기 때문이다.

우리는 종종 자신의 어려움과 괴로움, 또는 외로움에 깊게 빠져든다. 유독 자신만 더 힘든 것 같고 부족한 것 같다는 생각에 울적해진다. 남들이 보기에 멀쩡해도 외롭기만 한 것은 주관적이고 감정적인 평가에 익숙하기 때문이다. 이럴 때 믿을 만한 누군가가 자신을 향해 "당신 정도면 오케이!"라고 해준다면 자신에 대한 불확신, 염려와 외로움 등에서 조금은 벗어나 안도감을 갖게 된다. 아버지가 한동안 무릎 고장으로 걷지 못할 때, 나역시 뜻하지 않은 병과 만났다. 특별히 관리를 안 한 것도 아니요, 잘못 산 것도 아닌데 왜 이런 병에 걸렸을까 몹시 우울했다. 그때 투병의 동반자를 향한 아버지의 "오케이!"는 큰 위로와 힘이 되었다.

배우자나 자녀의 부족한 면, 약한 면을 보면 화가 나고 속상하다. 자신도 부족하지만 가까운 가족은 그러지 않길 바라는 기대와 바람이 있기 때문이다. 이럴 때 우리는 쉽게 "You are not OK"의 메시지를 보내거나 보내고 싶어진다. 잠시 멈추자. 아버지와 조티 언니처럼 오른손을 살짝 들고 오케이 인사를 보낸다면 자신만의 오케이표 힘과 용기를 선물할 수 있지 않을까.

"I am OK, You are OK, Everything is OK."

이처럼 힘 나는 말이 또 있을까.

5부

어쨌든,

———

당신의 삶은 옳다

삶의 주도권

아버지의 장수 비결은 아마도 92세 노인답지 않게 자신의 삶을 주도한다는 점일 것이다. 어머니가 식사와 빨래를 도와주고, 요양보호사가 휠체어 사용을 도와주는 것 외에 아버지의 하루는 잘 계획한 시간표를 따라간다. 쉬는 시간을 알리는 종소리는 없지만 마치 학교를 다니듯 아버지의 일상은 규칙적이고 흐트러짐이 없다. 깨울 필요도, 약 먹을 시간이라고 식사 시간이라고 알려드릴 필요도 없다. 아버지 스스로 자신의 신체리듬과 취향에 따라 계획한 일상을 충실하게 보낸다. 아마도 젊은 시절 짧

92세 아버지의 행복 심리학

지 않았던 투병 생활에서 비롯된 습관이 평생 이어져온 탓도 있으리라. '노인이니까' 더 챙겨주고 간섭하고 배려하는 주변의 손길을 마다하고 독립적으로 잘 지내는 아버지를 보면 가끔 아버지의 나이를 잊을 정도다. 아버지와 한 공간에 있어도 있는 듯 없는 듯 알아서 잘 지내니 어머니는 물론 자식들도 무심해진다. 이것은 아버지가 바라는 바이기도 하다.

오래전부터 아버지는 자신을 노인 취급하는 것을 불편해했다. 지하철이나 버스에서 자리를 양보받는 것, 어르신 우대로 순서를 앞당기는 것, 심지어 자식들이 챙겨주는 것 등을 반가워하지 않았다. 노인이란 이유로 누군가에게 짐이 되고 신세를 끼치면 상당히 자존심 상해했다. 어머니는 노인복지관에 나가 취미 활동을 하고 친구를 사귀면서 평범한 생활을 하는 반면, 아버지는 단체 활동에 그리 적극적이지 않았다. 어머니는 노인이면 노인답게 살면 되는데 쓸데없이 자존심을 내세운다며 못마땅해했다. 아버지는 낯선 할아버지들과 섞이는 것도 부담스럽고, 할 일 없고 갈 데 없는 노인처럼 보이고 싶지 않은 자존심이 진짜 이유일 것이다. 아버지의 독립적인 일상을 보면 굳이 또래의 사람들과 교류하고 활동하면서 존재감을 확인할 필요성이 느껴지지 않는다.

아버지는 다섯 명의 자녀를 결혼시킨 후, 30년 전에 지은 연립주택 3층에서 어머니와 살고 있다. 낡고 오래된 집에서 살다 보면 보일러가 고장 나고 하수도가 막히는 일들이 종종 있는데, 이때도 어머니와 둘이서 아날로그식 상가 수첩에 의지해 문제를 해결한다. 돈이 더 들어도, 신속하지 않아도, 불편을 감내하는 시간이 길어도 스스로 해결하는 걸 당연하게 여긴다. 자주독립형 아버지가 유일하게 어머니에게 구조요청을 보낼 때는 케이블 TV가 고장이 날 때다. 전화가 잘 들리질 않는 데다 지시대로 따라 하지를 못하기 때문이다. 아버지가 보행이 어려워지면서 가족들은 엘리베이터가 있는 집이나 일층으로 이사할 것을 수차례 권유했으나 아버지는 지금의 집을 고집하고 있다. 아버지의 고집을 꺾으려면 그만큼 아버지가 불편하다는 증거를 찾아야 하는데, 그렇지 못하니 아버지의 결정을 지지할 수밖에 없다.

아버지는 몇 가지 노인성 질환을 앓고 있고 꾸준한 자가 치료로 그 또한 해결하고 있다. 일찌감치 생긴 고혈압과 당뇨병은 벌써 40년 이상, 퇴행성 관절 및 대장 질환은 최근 몇 년간 집중적인 식이요법과 실내 운동으로

92세 아버지의 행복 심리학

관리한다. 식사량의 절제뿐 아니라 건강식의 종류와 양에도 철저하고, 요가와 단전호흡을 조합한 체조 시간에 하루 평균 서너 시간을 할애한다. 잠을 자고 TV를 보는 시간 외에는 거의 운동을 하니 중독에 가까울 정도다. 너무 과하다고 말려도 보았지만 아버지의 건강검진 수치들이 훌륭하니 되려 쓸데없는 걱정이 되어버린다.

얼핏 아버지의 삶은 불편하고 비효율적으로 보이지만 자신이 삶의 환경에 대한 주도권을 잡고 있기에 실제로는 그렇지 않다. 노인이 되었다고, 몸이 불편하다고, 무료하다고, 자신이 살아온 삶의 방식을 포기하지 않았기에 자부심과 심리적인 편안함이 있어 아버지의 삶은 불편하지 않다. 만약 삶의 주도권을 노화와 그에 따른 불편 때문에 박탈해 버린다면 아버지의 중심이 흔들리고 무너져서 오히려 건강에도 좋지 않을 것이다. 아툴 가완디의 베스트셀러《어떻게 죽을 것인가》라는 책을 보면 질병이나 노화로 죽음을 앞둔 사람들에게 자신의 남은 삶과 다가오는 죽음을 가장 원하는 방식으로 마무리하게 도와주어, 의학이 줄 수 없는 인간의 존엄성과 삶의 질을 주어야 한다고 역설하고 있다. 전형적인 노인의 방식 대신 아버지만의 방식으로 사는 아버지가 틀리지 않다는 것이다.

　심리학에서 건강한 성격과 행복한 삶의 요소를 연구할 때 빠지지 않는 것이 삶의 주도성이다. 삶의 주도성이란 누군가에게 이끌리지 않고 스스로 자신의 삶을 선택하고 결정을 내리며 책임을 지는 태도를 의미한다. 타인에 의해, 상황과 환경에 의해 이끌려가는 것이 아니라 자신의 생각과 믿음, 노력으로 이끄는 것이다. 누군가의 기대에 부응하거나 대세를 따르지 않기 때문에 자기주도적으로 살아가는 사람들은 활력과 자신감이 있다. 그리고 소신을 따르는 데서 나오는 자기 절제와 훈련, 끈기가 있다. 미국의 초중고 성적표에서 제일 큰 칭찬은 '자기주도적Self-Directed'이란 말이다. 공부는 말할 것도 없이 취미와 진로도 자신이 주도하고 그것을 자랑스럽게 생각하며 열심히 하는 것을 중요하게 여긴다. 유별나도, 나이답지 않아도, 정도를 벗어나도, 삶의 중심을 자신에게 둔다면 장기적으로 삶의 다양한 도전에 흔들리지 않고 자신을 지켜낼 수 있다.

　자기주도적으로 산다는 것은 자신이 원하는 대로 자유롭게 사는 것과 다르다. 자고 싶을 때 자고, 일하고 싶을 때 일하고, 충동적으로 직장을 그만두는 것은 '마음대로' 사는 삶에 가깝다. 자기주도적 삶에는 몇 가지 전제 조건이 필요하다. 우선, 자신에 대한 이해가 필요하다. 자신이 어떤 성향인지, 장점과 약점은 무엇인지, 어떤 라이프 스타일을 선호하는지, 환경과 조건은 어떤 상태인지 등의 이해 없이는 주도적인 삶을 계획하기 어렵다. 그리고 자신에 대한 책임감이 필요하다. 누가 대신해줄 수 없다는 절실한 책임감은 삶에 대한 진지함과 독립심을 갖게 한다. 또한 자신의 삶에 기대하고 희망하고 이루고 싶은 것을 찾고 이렇게 살아야 한다는 믿음과 가치를 발견해야 한다. 아버지가 아프지 않고 행복하게 살고 싶다는 바람으로, 재정을 유지하고 건강 관리에 힘쓰고 취미 생활을 하는 것은 간절함에서 비롯된다. 간절함과 절실함, 진지함이 자기주도적 삶의 동기요, 원동력이 된다. 마지막으로 자원과 능력에 대한 준비가 필요하다. 젊을수록 빨리 재정적으로 독립하고 자신에게 필요한 능력을 갖추는 것이 주도적인 삶을 디자인하는 데 필요한 결정적인 자원이다.

임상사회복지사 로버트 태비는 자기주도의 삶은 '해야 한다'는 의무와 책임이 아니라 '하고 싶다'는 바람으로 이루어지며, 충동적이고 대응하는 식의 삶이 아니라 적극적이고 계획하는 삶이라고 설명한다.[14] 자기주도성이란 말은 학습에서도 많이 사용한다. 배우고 싶은 것을 파악하고, 학습 목표를 정하고, 학습 자료를 찾고, 학습 방법을 선택하고, 평가하는 모든 과정에서 자신이 주도권을 갖는 방법이다. 그냥 가르쳐줄 때보다 해야 할 것이 많다. 자기주도적 삶도 해야 할 것이 많은 바쁜 과정이다. 하지만 그 바쁨을 즐기고 보람을 느끼면서 사는 삶이다.

아버지의 인생철학은
제비뽑기론

아버지에게는 '제비뽑기론'이라는 독특한 인생관이 있다. 제비뽑기는 '글이나 기호 등을 적어놓은 여러 가지 제비 중에서 하나를 선택해 차례나 승부를 결정하는 방법'을 말하는 우리말이다. 요즘은 잘 쓰지 않는 단어지만 오래전에는 뜻하지 않게 좋은 일이 생기면 제비를 잘 뽑았다는 표현을 쓰곤 했다.

　아버지의 제비뽑기론은 "누구나 살면서 제비를 뽑는다"는 명제에서 시작한다. 어떨 때는 운이 좋은 제비를 뽑고 어떨 때는 재수없는 제비를 뽑기도 한다. 로또 당첨처럼 엄청나게 좋은 제비를 뽑을 수도 있는 한편, 원하는 당첨에서 떨어지는 제비를 뽑기도 한다. 자신이 어떤 제비를 뽑느냐는 예측할 수 없고 다른 사람의 제비뽑기도 좌우할 수 없다. 아무리 원해도 나오지 않을 때도 있고 생각지도 않은 좋은 제비를 뽑을 때도 있다. 혹시 사립 초등학교에 지원해본 경험이 있다면 제비뽑기를 실감할 것이다. 300명쯤 되는 학부모들이 초등학교 강당에 모이고 학교장이 번호표를 넣은 박스에서 당첨 번호를 꺼내는 방식으로 진행되는데 한 번호, 한 번호가 호명될 때마다 혹시나 하는 마음에 떨린다. 당첨 확률은 얼마나 많은 지원자가 있느냐에 따라 달라진다.

제비뽑기론의 핵심은 확률이 들어갈 때다. 내가 운 좋은 제비를 뽑았으면 내 다음 사람은 운이 없는 제비를 뽑을 가능성이 높다. 반대로 내가 운 없는 제비를 뽑았다면 그 앞사람이나 다음 사람은 운 좋은 제비를 뽑을 가능성이 높다. 어느 집이건, 자식이 여러 명 있으면 그중에 하나는 문제가 있거나 힘든 자식이 있다. 그것이 장애든, 성격이나 능력이든, 한 명은 힘든 인생을 사는 경우가 더러 있다. 아버지의 형제만 봐도 다섯 남매의 맏이인 누님이 도박에 빠졌던 남편과 살다 이혼하고 이민을 택

92세 아버지의 행복 심리학

한 외아들을 따라 미국에서 외롭게 살다가 치매를 앓고 돌아가셨다. 나머지 형제들은 재산, 건강, 자식 등 여러 면에서 평범한 인생을 살아온 반면 큰 누님은 나머지 형제들의 어려움을 다 합쳐도 모자랄 정도로 힘겨운 삶을 살았다. 아버지의 제비뽑기론에 따르면 누님이 좋지 않은 제비를 뽑아 힘든 인생을 살았기 때문에 그 밑의 형제들은 평탄하게 살 수 있었다고 한다.

그런데 제비뽑기론은 여기서 끝나지 않는다. 나머지 형제들은 자기가 뽑을 수도 있었던 제비를 뽑아준 누님에게 고맙고 미안한 마음으로 갚으면서 살아야 한다는 것이다. 실제로 아버지는 열일곱 살에 가장이 되어 집안의 생활과 형제의 학업을 책임졌다. 자식들에게도 공부나 성공보다 형제 간의 우애를 강조하여 제비를 잘 뽑고 사는 형제는 제비를 못 뽑고 사는 형제에게 잘해야 됨을 틈날 때마다 부탁했다. 아버지는 제비뽑기를 여러 곳에 적용한다. 전철에서 구걸하는 노인을 보면 그가 자신이 뽑을 수도 있었던 제비를 뽑아주었으니 감사한 마음으로 작은 돈이나마 보태야 된다고 말한다. 길거리를 걷다가 장애인을 만나면 본인이나 가까운 가족에게 장애가 없기에 그분에게 고맙고 미안하다고 한다. 빚진 마음을 전제로 하기 때문에 불쌍한 마음을 넘어서 미안하고 겸손해야 함을 강조한다.

제비뽑기를 잘 활용하면 인생의 만병통치약이 된다. 남이 잘되어 부럽고 속이 쓰리거나 씁쓸할 때 나에게 돌아올 기회를 기대하며 희망을 품을 수 있다. 좋은 일이 있어서 자랑하고 싶을 때, 내 좋은 제비 역시 다른 사람이 뽑을 수도 있었다고 생각하면 자제할 수 있다. 인생의 어떤 시기에 어떤 제비를 뽑을 지 모르기 때문에 불필요한 걱정이나 자만을 삼가하게 된다. 막상 원하던 제비를 뽑지 못해도 확률상 운 좋은 제비와 운 나쁜 제비가 어차피 한두 번씩 뽑힐 것이라고 생각하면 일희일비하는 일이 줄어든다.

내가 뽑은 제비를 돌이켜 보니 좋은 제비도, 좋지 않은 제비도 있었다. 좋은 제비로 신난 적도 있지만 좋지 않은 제비로 오히려 삶의 방향이 바뀌고 전화위복이 된 적도 있다. 대학 실패, 직장을 그만둔 일, 자식이 속을 썩인 일 등을 좋지 않은 제비라고 하면 그것 때문에 인생이 꼬일 수도 있었지만 또 다른 기회와 길로 갈 수도 있었다. 아버지의 제비뽑기론은 운명론처럼 들리기도 한다. 결국 우리 인생은 좋은 제비와 좋지 않은 제비가 합

92세 아버지의 행복 심리학

처져 있다. 좋은 제비를 뽑은 사람이 다른 이에게 빚진 마음을 가지고 돕는다면 그것이 제비뽑기론의 시너지 효과가 될 것이다. 아버지만의 새로운 운명론이다.

종교는 감사교

오래전, 아버지는 개신교 교회에 다녔다. 불교 신자였던 어머니는 무릎이 아프다는 핑계로 꺼려했지만 아버지는 여든 평생을 지켜온 무교를 떠나 딸네 식구를 따라 교회에 다녔다. 일요일이면 예배에 꼬박꼬박 참석하고, 간간이 열리는 교회 행사에도 열심히 참가하는 가장 나이 많고 성실한 성도였다. 늘 예배 시간 10분 전에 도착하여 목사님의 칭찬을 독차지하였다.

아버지가 다니던 교회의 예배 시간은 거의 두 시간 정도로 긴 편에 속했다. 아버지는 졸지도 않고 불평 한

92세 아버지의 행복 심리학

번 없이 열심히 예배를 드렸다. 교회가 인정하는 모범 신도였던 아버지는 같이 다니던 딸이 해외로 발령이 나면서 슬며시 교회를 그만두었다. 아버지는 종교적 믿음 때문이 아니라 왔다 갔다 하면서 걷는 시간, 교회에서 만나는 친절한 사람들, 무료 점심, 긴 예배 시간에 인내심을 훈련한다는 등의 세속적인 이유로 교회에 다녔다고 고백했다.

아버지는 교회에 가도 좋고 안 가도 좋고, 어머니가 절에 다니는 것도 찬성할 정도로 종교관이 특이하다. 아버지에 따르면, 세상에 존재하는 모든 종교는 〈PD수첩〉을 통해 알려진 몇몇 사이비 종교를 제외하고는 나름 일리가 있다고 한다. 어떤 종교든 백 퍼센트 믿지 않는 무교와 어떤 종교든 조금씩은 수긍하는 '모든교'를 합친 시각이다. 아버지의 '모든교'는 다섯 명의 자식들이 종교 생활을 하든 하지 않든, 또 어떤 종교를 가지든 다 좋다고 한다. 차례나 제사를 지낼 때도 각자의 종교에 맡긴다. 제사상에서 절을 하든, 목례를 하든, 아님 옆에 서 있기만 하든 다 좋다고 여긴다. 밥상에서 기도를 하면, 기도하는구나 조용히 기다려주지만 따라 하지는 않는다. 딸의 전도로 사위가 교회에 나가면 부부가 신앙생활을 같이하는 것을 큰 복이라고 생각한다. 일요일 하루만 쉬는 딸에게 종교 생활 대신 집에서 쉬는 게 낫지 않겠냐고 묻기도 한다. 오랫동안 불교를 믿었던 어머니가 최근 교회를 다니게 되면서 교회 친구들을 사귀게 되니 그것도 좋다고 여긴다. 아버지의 지극히 인간중심적인 종교관은 각자의 상황에 따라 종교를 가져도 좋고 안 가져도 그만이며 어떤 종교를 믿든 당사자가 행복하면 최고라는 생각이다.

사실 아버지는 열심히 믿고 실천하는 종교가 있다. '감사교'다. 교회에 몇 년간 다녔지만 기독교의 교리에는 흥미를 못 느낀 반면 "모든 일에 감사하라"는 성경 구절은 이해하기도 쉽고, 실천하기도 쉬운 진리로 여긴다. 감사교의 전도사가 되어 가족과 주변 사람들에게 항상 인용하는 이야기가 있다. 아버지 세대는 장애인에 대한 편견이 심하던 때로 맹인에 대한 터부가 있었다고 한다. 아침 출근길에 맹인을 만나면 불편한 마음과 그 죄책감으로 불편해지곤 했는데, 모든 일에 감사하라는 진리 덕분에 장애를 가진 분에 대한 미안함과 고마움이 생겨나 작은 소리로 감사의 인사를 시작하게 되었다고 한다. 아버지의 감사 인사는 길거리 환경미화원, 지하철 매표원, 가

　92세 아버지의 행복 심리학

게 주인에게로 확대되었다. 아버지의 말에 따르면, 속으로 하는 감사는 진짜가 아니며 소리 내어 하는 감사가 진정성이 있다고 한다. 아버지와 시간을 함께하다 보면 하루에도 수차례 "감사합니다!"를 소리 내서 외친다. 아침에 일어난 어머니에게는 오늘도 살아주어 감사합니다, 버스 운전사에게는 안전 운전에 감사합니다, 간호사에게는 친절에 감사합니다, 밥상을 차려준 어머니에게는 또 한 번 감사합니다, 날씨가 좋으면 하늘을 향해 감사합니다. 아버지의 감사 목록은 끝이 없다.

감사는 단순히 고맙다고 느끼는 감정만이 아니다. 감사의 눈으로 바라보고, 감사로 인정하며, 감사로 대처하는 습관과 삶의 태도를 의미한다. 감사는 상황을 새롭게 보게 하며, 우리가 갖고 있는 것을 깨닫게 하며, 우리가 욕심 내는 마음을 자유롭게 해준다. 감사는 부족함과 결핍에서 벗어나 삶의 풍성함과 자족을 누리게 하고 부정적인 에너지들이 빠져나가도록 한다. "감사의 31가지 효과"[15]에서는 감사가 가져오는 다각적인 효과를 설명하고 있다. 건강의 측면에서는 통증과 우울증 감소, 코르티솔 같은 해로운 호르몬 분비의 감소, 면역체계의 증강, 불면증의 해소 등 덜 아프고 오래 산다는 결과가 있다. 정서적인 측면에서는 기분이 좋아지고 인내심이 생기며 부러움과 원망이 감소된다고 한다. 성격적인 면에서는 욕심과 이기심이 줄고 낙천주의와 자존감이 올라가며 사회적으로는 결혼 생활, 가족관계, 우정 등의 관계가 좋아진다. 글에서 인용한 연구에 따르면 감사 일기를 매일 5분씩 쓰게 한 결과 삶에 느끼는 행복도가 10퍼센트나 증가했다고 한다.

우리가 감사를 느끼지 못하는 건 갖고 있는 것, 누리고 있는 것들을 잊고 살기 때문이다. 종이 한 장을 꺼내 가운데 선을 긋고 두 칸을 만든 뒤, 왼쪽 칸에는 감사한 일들을, 오른쪽에는 화가 나는 일들을 적어보자. 대부분 화나는 일은 쉽게 적는다. 화나는 일은 즉각 생각나지만 감사한 일은 곰곰히 생각을 해야 나오는 경우가 많다. 같은 방법으로 감사와 관련된 표현(형용사, 감탄사 등)과 화날 때의 표현을 적어보면 화와 관련된 표현이 더 풍부하고 다채로운 어휘들로 채워지는 한편, 감사의 표현은 빈약하다. 그만큼 우리의 뇌에는 화, 짜증, 불만, 원망, 부러움 등이 많이 각인되어 있고 감사에는 인색하다. 감사는 의식적으로 애를 써야 하는 감정이다.

감사는 슬픔처럼 속으로 품어내야 깊어지는 감정이

아니라 겉으로 표현할 때 힘과 에너지가 더해지는 감정이다. 아버지는 "감사합니다"라는 인사가 상대방보다 자신의 기쁨이 된다는 걸 알고 있다. 감사는 우선 고마움을 기대하지 않은 사람에게 고마운 일을 표현하는 것이다. 일종의 '서프라이즈' 효과다. 또한 칭찬, 선물, 호의 등 특별한 이유나 계기가 있을 때 하는 고마움보다 같이 밥 먹은 것, 시간을 보낸 것, 또는 가족이나 친구라는 사실 등 당연한 것에 고마움을 표현할 때 더 효과가 있다. 그리고 자주, 지속적으로 표현해야 몇 배의 효과를 가져온다. 한두 번의 표현은 쉽게 잊히지만 반복되는 표현은 고마움이 그 사람의 일부로 각인되기 때문이다.

일상에서 감사를 좀 더 많이 표현하기 위해서는 의식적으로 그만해야 할 것들이 있다. 첫째, 습관적으로 튀어나오는 불평의 언어들을 멈추는 것이다. 둘째, 옳고 그름, 공평과 불공평이란 비판 렌즈를 '그러려니'의 렌즈로 바꾸는 것이다. 또한 흉보기와 뒷담화를 인사와 칭찬으로 대치하며 "짜증나" 대신 물을 마시거나 잠시 걸으며 타임아웃을 건다. 부정적인 말과 생각을 멈추면 감사할 일이 보이기 시작한다.

긍정심리학에 의하면, 특정한 상황이나 사람에 대

한 고마움이 습관화되면 삶 자체를 바라보는 태도와 관점이 변화된다고 한다. 가족, 친구, 이웃, 더불어 사는 생명체, 환경 등에 대한 작고 큰 고마움은 삶 자체에 애정과 감사를 갖게 하기 때문이다. 근무하던 고등학교의 역사 수업에 들어가니 칠판에 "우리는 역사에 감사한다"라는 문구가 적혀 있었다. 역사를 배우는 학생들에게 조상들이 살아온 역사, 우리가 살고 있는 역사에 감사하는 것이 역사 공부의 목표라는 걸 알려주는 것이다. 같은 상황에서 감사의 마음을 갖는가, 그렇지 않는가는 선택이다. 우리의 상황과 조건, 성향이 다르기 때문이다. 그럼에도 기꺼이 감사를 선택할 때 따라오는 기쁨과 에너지는 분명 삶의 활력소가 될 것이다.

92세 아버지의 행복 심리학

새로운 것을 시도하기

새로운 일을 시도한다는 것은 말처럼 쉬운 일이 아니다. 저녁에 무엇을 해먹을까 결정할 때, 식당 메뉴를 고를 때, 모처럼 생긴 자유 시간을 어떻게 보낼까 등의 상황에서 선택의 여지가 있다면 먹어본 것, 해본 것, 익숙한 것을 선택하는 경우가 많다. 이미 알고 경험한 것이 확실하고 안전하기 때문이다. 새로운 것을 선택해서 낭패를 보느니 차라리 안전하게 선택하는 것이 낫다고 생각한다. 나 또한 식당을 고르고 메뉴를 고를 때 가본 곳과 먹어본 것을 주문한다. 식당을 선택하고 메뉴를 고민해야 하는 귀찮음도 없고 실패의 위험도 없기 때문이다.

아무리 작은 일이라도 새로운 것을 시도하는 데는 용기와 모험심, 그리도 어느 정도는 실패와 손해를 감수해도 좋다는 배짱이 필요하다. 안전하다는 이유로, 생각하기 싫다는 귀찮음으로, 많은 사람들은 익숙한 것에서 벗어나지 못한다. 그런데 확실하고 익숙한 것으로만 일상이 굴러가면 편안함에서 오는 '늘어짐'이 생기고 '새로움'에서 올 수 있는 즐거움과 도전을 경험하지 못하게 된다. 길지 않은 인생, 매일 똑같이 살라고 정해진 법이 없건만, 다른 것을 시도해보지 못하고 시간이 훅 가버리는 것은 억울한 일임에 틀림없다.

아버지는 40대부터 스트레스를 받거나 무리하면 안 된다는 의사의 조언을 충실히 지키며 인생을 심심하게 살아온 분이다. 엄격한 소식과 운동으로 재발 방지에 집중하느라 즐기던 등산, 친구들과의 술자리를 그만뒀고, 건강이 호전되어서도 이런저런 이유로 취미 생활과 여행을 제대로 하지 못하였다. 놀아본 사람이 놀 줄 안다고 뒤늦게 새로운 것을 하는 게 어려웠던 모양이다. 어머니와 외식도 하고 여행도 다녀보겠다는 결심과 달리 아버지 스스로는 실천해본 적이 없다. 돈도 아깝고, 어떻게

92세 아버지의 행복 심리학

해야 되는지 막막해서 그런 듯하다. 반면 어머니는 노인복지관에 다니면서 젊어서 해보지 못한 꽃꽂이와 서예 등의 취미 생활에 재미를 붙였다. 아버지가 특별히 외롭거나 불행해 보이지는 않았으나 건강과 여건이 허락할 때 새로운 일에 도전하고 여생을 즐겁게 보내면 좋겠다는 생각에 아쉬움이 컸던 건 사실이다.

오랫동안 심심한 노년기를 보내던 아버지는 90세에 들어서면서 세 번의 변신을 하였다. 첫 번째는 91세 생일 기념으로 동남아에 사는 딸네 집에 방문했다. 오래전에 만기된 여권을 갱신하고, 의사의 여행 허락서(90세가 넘었다는 이유로)를 준비하고, 휠체어 서비스를 신청하고, 병원을 다니며 약 처방을 받는 등 일련의 준비 끝에 2주간의 해외여행을 떠났다. 아버지는 여행을 즐겼고, 가는 곳마다 나이를 물어보는 사람들에게 91세임을 자랑스럽게 밝히곤 했다. 건강상의 이유로 아버지도 몇 번을 망설이고 자식들도 주저하던 여행이었기에 일정을 무사히 마치고 돌아온 뒤의 뿌듯함은 이루 말할 수 없었다. 여행에서 얻은 새로운 충전 덕분에 아버지는 "뇌가 되살아났다"고 신기해할 정도였다.

두 번째 변신은 경로 바둑 교실에 입문한 것이다.

혼자 TV를 시청하며 바둑에 대한 열정을 쏟던 아버지가 오랜 망설임 끝에 4~50명의 어르신들로 구성된 바둑동호회에 참여했다. 어르신들이 삼삼오오 모여 바둑을 두는 편안한 곳임에도 불구하고 동호회가 처음인 아버지는 낯가림과 쑥스러움을 극복하는 데 일주일 정도의 시간이 걸렸다. 기존의 구성원들에게 방해가 되지 않도록 조용히 지켜보며 자신의 존재감을 알렸고 급수가 비슷한 열 살 어린 할아버지와 파트너가 되었다. 휠체어를 전적으로 타기 전까지 아버지는 결석과 지각을 모르는 동호회 활동을 펼쳐나갔다.

세 번째는 집에서 타 먹는 인스턴트커피와 300원짜리 자판기 커피만 알았던 아버지가 카페에서 내려주는 아메리카노와 카푸치노에 눈을 뜬 것이다. 대학생 손녀와 함께 간 것을 계기로 아버지는 새로운 커피 맛과 더불어 카페 문화를 즐기기 시작했다. 몸에 밴 절약 습관 때문에 커피 한 잔에 3~4,000원을 쓰는 것이 쉽지는 않지만 겨울철에는 따뜻하고 여름에는 시원한 데다 좋은 음악을 틀어주니 자릿값을 해야 한다고 생각한다.

아버지의 표현대로 새로운 것은 우리의 뇌를 살아나게 한다. 이전에 해보지 못했던 것에 도전하면 뇌에 작은 충격을 주어 생각하지 못했던 즐거움이 생기고, 자신 안에 숨겨져 있던 호기심과 재능까지 발견하게 된다. 또 오랜 습관과 정체된 생각에서 벗어나는 기회가 되며, 자신감이 생기기도 한다. '이런 것을 해보다니' 하는 생각에 스스로가 새롭게 느껴지고 인생이 달라 보이기도 한다. 일상의 단조로운 리듬을 깨뜨려 생동감과 신선한 자극으로 삶이 바빠지고, 그 바쁨으로 일상에서 느끼던 무력감과 무능을 극복할 수도 있다.[16]

친구 중에 맛집 탐방을 좋아하는 친구가 있으면 좋다. 덩달아 새로운 음식, 식당에 도전해볼 수 있기 때문이다. 여행을 좋아하는 친구 덕분에 함께 여행 떠나는 것도 축복이며, 쇼핑을 잘하는 지인 덕분에 좋은 물건을 구입하는 것도 행운이다. 너무 바쁜 것도 문제지만 너무 한가한 것은 더 문제다. 일상에 새로운 것, 다른 것을 들여놓는 것은 용기가 필요하고 불필요한 자존심과 익숙한 편안함을 내려놓아야 하며 아깝다고 생각하지 말아야 한다. 내 인생에 새로운 손님을 맞이하는 기분으로 설레면서 기대하고 반갑게 맞이하면 값어치가 있는 '새로운' 경험이 될 것이다.

자기실현적 예언과
자기패배적 예언

자기실현적인 예언이란 "자신이 이루고자 하는 바를 마음속으로 반복해 말하고 자신감을 가지면 그것이 잠재의식이 되어 이루고자 하는 방향으로 자신을 이끌어준다. 그 노력과 행동이 쌓이면 어느새 목표를 달성하게 된다"는 뜻이다. 영어로는 '자기를 충족 또는 실현시키는 예언Self-Fulfilling Prophecy'으로 자신에게 기대하는 바를 자기암시를 통해 행동으로 옮기다 보면 어떤 형태로든 그것이 실현된다는 뜻이다. 간절히 바라면 뚝딱 소원이 이루어진다는 마술적 사고와 달리 마음속에 품고 꾸준히 노

92세 아버지의 행복 심리학

력하면 소원이 결과로 나타난다는 의미다.

유명한 사람들 중에도 자기실현적 예언을 실현시킨 사람들이 있다. 애국가를 작곡한 안익태는 세계적인 교향악단의 지휘자가 되겠다는 꿈을 이루었고, 영화감독 스티븐 스필버그는 열두 살 때부터 영화감독이 되어 아카데미 시상식에 오르는 꿈을 꾸었고 끝내 성취했다. 주변에서도 자신이 이루고 싶은 모습을 소원으로 삼고 오랜 노력 끝에 실현한 사람들을 의외로 많이 찾아볼 수 있다.

92세의 아버지에게도 몇 가지 자기실현적 예언이 있다. 첫 번째는 자다가 죽는 것이다. 할머니께서 84세에 주무시다가 돌아가신 것처럼 아버지도 아홉 시 뉴스를 보고 양치질까지 한 뒤 평소와 같이 잠자리에 들어 조용히 눈을 감고 싶다는 소원을 갖고 있다. 자다가 고통 없이 저세상으로 간다는 것은 고령의 어르신들이라면 누구나 꿈꾸는 바다. 아버지도 같은 소원을 가진 지 오래되었다. 철저하게 당뇨식을 지키고 하루도 거르지 않고 운동하고 건강에 좋은 습관을 실천하는 이유는 오래 살기 위해서가 아니라 '잘' 죽고 싶어서다. 잘 죽고 싶은 이유는 병들어 자식들과 주변 사람들에게 신세를 끼치고 싶지 않다는 아버지의 간절한 바람 때문이다.

　아버지는 연속극에 나오는 대사처럼 "자다 가야지"라는 말을 쉽게 내뱉거나 떠벌린 적은 없다. 대신 "자다가 가고 싶다"는 말을 머릿속으로 되새기고 그러한 자기 암시가 식탐을 자제하고, 하기 싫은 운동에 박차를 가하고, 좋은 생각만 하게 만든다. 아버지는 오래 살라는 말보다 건강하라는 말을 듣고 싶어 하고 좋아한다. 건강해야 잘 죽는다고 믿기 때문이다. 실제로 아버지의 건강 수치는 대장 질환과 퇴행성관절염을 제외하고는 훌륭한 성적을 자랑한다. 아버지의 끊임없는 자기 관리의 결과물이다. 단순한 바람과 꿈에서 그치지 않고 기대와 믿음을 가지고 꾸준히 노력과 수고를 기울이기 때문에 자기 실현적 예언은 좋은 결과를 가져올 가능성이 크다.

　아버지의 두 번째 자기실현적 예언은 어머니보다 먼저 죽는 것이다. 어머니보다 다섯 살 연상인 아버지가 먼저 죽을 가능성이 높지만 아버지는 행여 질병이나 사고로 어머니가 먼저 죽을까 걱정한다. 어머니가 좀 더 오래 살기를 바라는 마음도 있지만 더 솔직한 마음은 어머니가 하던 수발을 자식들이 하게 될까 걱정이 되어서다. 여느 할아버지들처럼 세심하게 아내의 건강을 챙겨

본 적이 없던 아버지가 어머니의 건강에 신경 쓰는 방법은 서툴지만 진지하다. 식사를 적게 하는 어머니를 위해 바나나우유, 과자, 사탕 같은 간식을 사오거나 가끔씩 신용카드를 주며 맘껏 쓰고 스트레스를 풀라고 한다(신용카드의 한도는 30만 원이다). 그리고 아버지가 없어도 독립적인 생활을 할 수 있도록 평생 아버지가 맡았던 은행 일과 각종 고지서를 관리하는 일을 어머니에게 가르쳐 준다. 평소 어머니에 대한 표현이 거의 없는 아버지가 자주 하는 말은 어머니가 오래 살아야 한다는 것이다. 아버지의 예언과 노력이 합쳐져 두 분이 순리대로 삶을 완성하기를 바란다.

아버지의 세 번째 자기실현적 예언은 손주들이 잘사는 것이다. 아버지에게는 20대부터 30대까지 여덟 명의 손주들이 여러 곳에 흩어져 살고 있다. 직장인, 가정주부, 학생으로 열심히 살아가는 손주들의 모습을 마음속에 그리며 흐뭇해한다. 아버지는 바쁜 손주들을 가끔 만나면 자신의 삶의 철학을 나누거나 공부나 일이 어떠냐고 묻는 대신 그저 애써주어 고맙다는 인사만 할 뿐이다. "애쓴다"는 아버지의 격려를 받은 손주들은 각자 어떤 모습으로 살든 '애쓰며' 살지 않을까 싶다. 각자가 삶의 자리에서 정직하고 성실하게 살아가려면 애써야 함을 알고 있는 아버지의 믿음과 기대가 손주들의 삶에 좋은 기억이자 실현이 될 것 같다.

교육심리학에는 학습자에 대한 기대와 믿음, 예측이 실제로 학업 향상이라는 결과로 나타난다는 피그말리온Pygmalion 효과가 있다. 교사가 성적이 오를 것이라고 기대하고 예측한 학생들은 그렇지 않은 학생들보다 더 성적이 향상되는 것이다. 타인의 기대나 관심으로 능률이 오르거나 결과가 좋아지는 현상이다. 누군가 자신을 믿어주고 기대할 때 그 기대에 부응하기 위해 행동하고 노력하게 된다는 것을 의미한다. 반대로 누군가의 부정적인 기대나 예상 아래 놓이면 자신을 향한 불안과 의심의 눈초리를 의식하면서 자신감을 잃고 위축된다. 여성학자 박혜란 씨가 쓴《믿는 만큼 자라는 아이들》이란 책에는 "아이들은 믿는 만큼 자라는 신비한 존재"라는 멋진 표현이 나온다. 비단 아이들에게만 해당되는 것은 아니다. 나를 믿어주는 상사에게 좋은 결과를 보여주고 싶고, 당신만 믿는다는 배우자 앞에 책임감을 장착하게 되고, 나에게 변함없는 믿음과 격려를 주는 가족 또는 누군가로 인해 포기와 실망을 접고 일어서게 되지 않는가.

92세 아버지의 행복 심리학

자기실현적 예언의 반대는 '자기패배적 예언Self-Defeating Prophecy'이다. '나는 잘못할 것이다', '나는 운도 따르지 않는다', '애써도 소용없을 것이다' 같은 부정적인 생각은 자신의 행동을 실패로 이끌게 된다. 동화 속에 나오는 마녀의 저주에 왕자와 공주가 자유롭지 못한 것처럼 스스로에게 걸어놓은 자기패배적 예언으로부터 자유롭기는 쉽지 않다. 자기패배적 예언 아래서는 왠지 안 될 것 같은 강박적 생각, 안 좋은 결과에 대한 지나친 상상, 작은 조짐에도 불안과 의심에 사로잡히기 때문이다. 사실 우리는 자기실현적 예언보다 자기패배적 예언에 더 익숙하다. 일이 어긋나면, 상대방이 호감을 표현하지 않으면, 성과가 좋지 않으면, 금방 실패와 좌절을 예상한다. 그런가 하면 자기패배적 예언을 가까운 사람에게 사용하는 경우도 있다. "쟤는 될 리가 없다", "저런 사람한테는 신경을 끄는 게 낫다"와 같은 예언을 은연중에 하다 보면 그 사람에게 자기도 모르게 부정적인 영향을 미치게 된다.

국제 학교에 근무할 때 학급별로 인성지도 프로그램을 지도했다. 그 안에 "성급히 결론으로 점프하지 말라"는 흥미로운 주제가 있었다. 작은 실수나 잘못으로 인해 금방 오해를 하거나 실패로 결론 내리는 대신 좀 더

해보고 기다리는 것이 현명하다는 것이다. 열 살부터 이런 수업을 받는 아이들은 복이 많다고 생각했다. 또한 무대에서 발표를 하거나 경기에 임하는 아이들의 긴장과 불안을 덜어주기 위해 자기실현적 예언을 가르쳐주기도 했다. "이번 경기를 잘 해낼 것이다", "실수를 한다 해도 망치는 것은 아니다"와 같은 긍정적인 자기예언을 독백을 통해 되새기게 한다.

아버지는 자기실현적 예언을 통증 치료에도 사용한다. "나는 약간 아플 뿐이다", "나는 아픈 것을 잘 참는 편이다" 같은 자기암시로 웬만한 통증은 잘 견딘다. 최근 대장 질환으로 쉽지 않은 검사와 시술을 반복했지만 간호사들은 아버지를 잘 참고 씩씩한 할아버지로 부르곤 하였다. 아버지가 통증에 무딘 것은 머릿속으로 반복하는 독백이 통증을 자각하는 신경세포에 영향을 미친 것은 아닐까. 공황장애 치료에서도 자기실현적 예언을 사용한다. 불안과 두려움을 유발할 가능성이 있는 상황에서 자기만의 효과적인 독백을 만들어 사용하는 것이다.

자기실현적 예언은 생각과 행동 간의 긍정적인 상호작용을 통해 직접적 또는 간접적으로 예언을 실현시킨다. "나는 친절한 사람이다"라는 자기실현적 예언은 친절한 행동으로 이끌고 결과적으로 친절한 사람이 되는 이치다. "나는 느긋하다"라는 예언은 느긋한 행동으로, "나는 용서를 잘 한다"라는 예언은 용서 행동으로 실현된다. 예언을 실제라고 여기면 결국 실현되는 것이다.

100점보다 80점이
좋은 이유

언젠가 아버지에게 자신의 인생을 점수로 매기면 몇 점
인지 물어본 적이 있다. 건강, 생활수준, 배우자, 자식 등
의 기준을 합쳐 100점 만점에 80점 정도가 되는 것 같다
고 대답했다. 그 이유는 40대에 찾아온 병으로 일찍부터
건강에 힘쓰며 두 배 이상의 삶을 사는 것, 가진 것 없
던 가장으로 대식구의 생계와 교육을 책임진 것, 자식들
이 무난히 자라준 것, 자식들에게 의지하지 않고 독립적
인 노후를 보내는 것, 옆에서 돌봐주고 말동무가 되어주
는 아내가 있다는 것, 노인성 질환 없이 노년기 삶의 질

92세 아버지의 행복 심리학

을 유지하는 것 등이었다. 아버지는 개인적인 삶에는 만족도가 높지만 큰돈을 벌거나 직업적인 성공을 거두거나 사회에 공헌하는 일을 하지 못했으니 80점 이상은 어렵지 않겠냐고 하였다.

발달심리학자 에릭 에릭슨은 인간의 삶을, 태어나서 죽을 때까지 인생의 각 단계마다 주어진 발달과제를 완성해가는 것으로 설명한다. 유아기부터 노년기까지 각각 다른 발달과제를 성공적으로 이루어내지 못하면 심리적인 문제와 위기가 생길 수 있다고 한다. 예를 들어, 학령기의 발달과제는 학교에서 배우고 공부하며 친구 관계를 통해 사회성을 습득함으로써 근면성을 배우는 시기다. 이때 근면성을 배우지 못하면 그 부작용으로 열등감이 생길 수 있다고 설명한다. 그런가 하면, 장년기에는 직업, 가족, 사회 활동이 활발한 시기로 일을 하고 가정을 돌보며 사회 구성원으로서의 활약을 통해 생산적으로 살아가는 것이 발달과제다. 만일 생산적인 삶을 이루지 못하면 심리적인 침체를 갖게 된다.

노년기의 발달과제는 '통합'이다. 자신이 살아온 지난 삶을 후회나 아쉬움 없이 받아들이는 수용을 의미한다. 잘못과 실수도 있었고 원하는 대로 이루지 못해 아쉬고 모자란 면이 있지만 최선의 삶으로 생각하며 죽음까지 삶의 부분으로 편안히 받아들이는 것이다. 만일 후회로 다가오는 것들이 많고 죽음에 대한 두려움을 갖게 된다면 절망감에 사로잡힌다고 설명한다.

아버지가 자신의 인생에 매긴 80점은 직업, 재산, 자식, 건강 등에 걸쳐 완벽하지는 못해도 이만하면 잘 살았다는 편안한 마음과 인생을 긍정적으로 해석하는 태도에서 비롯된다. 아버지라고 인생에 회한이 없겠는가, 하지만 긴 시간을 합치면 중간 이상인 80점이 되기에 만족스러운 삶이라고 한다.

경제학자 빌프레도 파레토는 '80:20'이라는 최적의 법칙으로 여러 가지 경제적 현상을 설명한다. 전체 결과의 80퍼센트가 전체 원인의 20퍼센트에서 비롯되는 현상으로 인구의 20퍼센트가 전체 부의 80퍼센트를 차지하는가 하면, 20퍼센트의 사람이 매출의 80퍼센트를 차지한다는 소비성향 등을 의미한다. 파레토가 설명한 것과는 다르지만 '80:20' 법칙을 직업이나 생활에 응용하기도 한다. 열 개의 프로젝트 가운데 여덟 개만 좋은 평가를 받아도 성공한 것이라고 생각하거나, 함께 일하는 열 명 가운데 여덟 명만 일을 잘해도 충분히 효율적인 팀워크가 이루어진다는 것이다. 즉, 100점은 아니지만 평균보다 높은 80점에 만족함으로써 만점에 집착하는 데서 오는 여러 가지 부작용을 줄이는 것이다.

'완벽주의'의 사전적 의미는 "과도하게 높은 기준을 정해놓고 실수와 오점 없이 성취하고자 하는 경향"으로 완벽한 결과를 추구하는 데 따르는 불안과 걱정, 염려까지 의미한다. 완벽주의는 최고를 향해 열심히 한다는 긍정적인 측면도 있지만 심리학에서는 그로 인한 폐해를 더 심각하게 설명한다. 지나치게 높은 기대 때문에 끊임없는 긴장과 스트레스를 가지고, 완벽하지 않은 것에 만족하지 않기에 실패와 실망감으로 우울해진다. 또한 다른 사람의 평가와 인정에 민감하고 자기의심과 비판에 쉽게 빠지는 한편, 결과에 집착하기 때문에 공부나 일의 과정을 즐기지 못한다. 심리학자 엘리자베스 스컷에 따르면, 완벽주의는 높은 스트레스, 생산성의 저하, 슬럼프, 우울과 불안 등의 심리적 문제와 긴밀히 연관되어 있다. 특히 과거의 실수에 사로잡혀 자기 비난과 후회에 빠지기 쉽고 실수와 자신의 무가치를 동일시 여기는 사고, 모든 것이 완벽해야 된다는 강박적 사고 등으로 가장 큰 심리적 취약점을 만든다.[17]

완벽주의는 대상에 따라 나누어지기도 한다. 자기에게 완벽한 기준을 요구하는 자기 완벽주의가 있는가 하면, 다른 사람들에게 완벽한 기대치를 기대하는 타인 완벽주의, 그리고 관계에서 완벽을 추구하는 관계 완벽주의도 있다. 지나친 완벽주의는 자신도 힘들게 하지만 다른 사람들과 관계에도 부정적인 영향을 미친다. 우리 주변에도 완벽주의자들이 있다. 자녀에게 성격, 재능, 공부, 친구 관계까지 매사에 완벽을 요구하는 부모, 배우자에게 세상에 존재하지 않을 것 같은 완벽한 기준을 제시하는 배우자, 함께 일하는 직원이 모든 것을 완벽하게 알아서 해야 한다고 믿는 상사 등이 있다.

완벽주의는 지나친 성취욕구에서 오는 경우도 있지만 환경의 영향으로 형성되기도 한다. 어린 시절 부모와 주변의 지나친 기대로 그에 부응하기 위해 애쓰던 사람들이 갑자기 슬럼프에 빠지거나 작은 실패에서 헤어 나오지 못하는 경우가 있다. 이런 사람들은 완벽을 위해 최선을 다하는 삶만큼 자신에게 관대하고 즐길 줄 아는 습관, 실수를 용납할 줄 아는 삶이 얼마나 중요한지 알아야 한다.

작가이자 동기부여 전문가 셀레스틴 츄아는 건강한

완벽주의를 위해 적당하게 높은 기준을 갖는 것, 실수와 실패에 집착하지 않는 것, 결과보다 과정을 즐기는 것, 불안과 실패에 대한 두려움의 수위를 조절하는 것, 실수를 다음 단계로 향하는 배움과 성장의 기회로 삼는 것, 다른 사람의 비난이나 평가에 지나치게 얽매이지 않는 것, 이만하면 됐다는 자기만족을 찾는 것, 작은 성공에서 기쁨과 만족을 느끼는 것 등을 권한다.[18]

아버지에게 나는 몇 점 정도 되겠냐고 물어보니 망설임 없이 80점이라고 한다. 아버지의 50대보다 더 건강하고, 더 무난한 직장에서 일하고, 자녀 교육도 더 많이 시킨 것 같은데 같은 점수라니! 아버지의 논리는 단순하고 명쾌하다. 100점보다 80점이 좋다는 것이다. 왜냐하면 100점은 점수를 유지하기 위해 늘 신경 쓰고 90점으로 떨어지면 어쩌나 긴장하고 막상 5점이라도 떨어지면 당황하게 되니까. 반면 80점은 그다지 내려가지도 올라가지도 않을 적절한 수준이니 욕심이나 걱정에서 자유롭고 예민해지지 않는다는 것이다.

인생은 성공과 실패, 잘못과 잘함, 만족과 불만족, 좋은 것과 나쁜 것 등의 총합이며 더하기 빼기가 반복되어 100점이란 점수를 얻을 수 없는 불완전한 본질을 갖고 있다. 100점이 불가능한 인생에서 100점에 집착하는 마음을 내려놓고 80점에 만족하며 사는 것이 훨씬 실현 가능하고 지혜로운 삶이 아닐까.

92세 아버지의 행복 심리학

역량 키우기

현재 아버지는 키가 164센티미터이고 몸무게가 48킬로
그램이다. 얼마 전까지 50킬로그램를 유지하다가 계속
되는 설사로 몸무게가 줄었다. 젊어서는 80킬로그램까
지 나갔는데 식이요법과 운동으로 56~58킬로그램을 유
지했고 지금은 보행기, 인공항문과 무릎보호대를 차는
작고 왜소한 체격의 소유자가 되었다. 가끔 옛날 사진 속
에서 눈, 코, 입이 부리부리하고 근육과 아랫배가 통통한
중년의 아버지를 보면 신기하기도 하고 세월은 누구도
이길 수 없음을 실감한다. 아버지는 체구만 작아진 게 아

니다. 아버지의 은행 심부름을 가면 마이너스 통장을 비롯 확연히 줄어든 은행 잔고에 놀라게 된다. 어머니와 함께 경제적으로 독립적인 생활을 하면서도 부족한 티, 모자란 티를 낸 적이 없기에 빈약해진 재정 앞에 더 놀라게 된다.

아버지를 작게 만드는 것들은 점점 많아졌다. 우선 임플란트와 같은 치과 치료를 받지 않아서 치아가 몇 개 남아 있지 않다. 치아 상태가 좋아서가 아니라 남아 있는 치아로 버티겠다는 아버지의 고집 때문이다. 결과적으로 삼시 세끼를 그 누구보다 기다리고 맛있게 드시지만 씹을 수 있는 음식의 종류는 눈에 뜨게 줄었다. 또한 체격이 작아지면서 옷, 양말, 모자, 신발 사이즈에도 변화가 있다. 아버지는 특히 한 브랜드를 좋아했는데, 세일하는 품목 가운데 엑스스몰 사이즈가 많아 저렴하게 구입할 수 있기 때문이다. 때로는 어린이용 반팔이나 반바지를 사기도 했다.

그렇다고 아버지의 힘과 활기까지 줄었다고 생각하면 오산이다. 아버지는 여전히 4킬로그램 아령을 들고 근력은 50대 후반 수준이다. 치아와 대장의 문제로 식사에 변화가 있음에도 삼시 세끼 잘 챙겨 드신다. 입맛이

　　　　　　92세 아버지의 행복 심리학

없어서 혹은 배가 고프지 않아서 식사를 거르는 적은 거의 없다. 의사들이 반대하는 커피(하루 두 잔)와 술(저녁 반주로 소주)을 하루도 거르지 않고 매일 슈퍼마켓에 들러서 새로 나온 식품을 구경하고 구입하는 일을 낙으로 삼는다. 그런가 하면 일생일대의 취미인 바둑을 두러 기원에 나가지는 못하지만 바둑 채널을 통해 경기 분석과 해설에 시간과 애정을 쏟는다.

아버지의 '작아진' 일상에서 역으로 돋보이는 것은 활력이다. 활력은 '살아 있는 느낌', '활기찬 느낌'으로 긍정심리학에서는 웰빙의 요소로 강조된다. 건강하고 행복하게 살기 위해서는 즐겁고 활기찬 생활을 지속적으로 끌어낼 수 있는 능력이 있어야 한다. 활기, 생기, 에너지 같은 것들은 "생겨라 뚝딱!"한다고 갑자기 생기거나 한두 번의 재미있는 경험으로는 생성되지 않는다. 흥미로운 영화를 보고 맛있는 것을 먹고 친구와 수다를 떨면서 생기는 즐거움은 쉽게 사라지기 때문이다. 활력을 이끌어내는 활동은 개인마다 다르고 정답은 없다. 아버지의 경우, 외출, 운동, 바둑 시청이 활기를 주는 활동이다. 나는 서예와 캘리그라피, 요가를 시도해본 결과 요가가 잘 맞았다. 서예와 캘리그라피는 정적인 활동인 데다가 실력 향상에 시간과 공이 많이 들어가 재미를 붙이기가 어려웠다. 중요한 것은 그때그때 생각나는 일을 하고 충동적으로 무엇인가 하는 것이 아니라 한두 가지의 활동을 꾸준하게 반복하는 것이다.

삶의 질을 높이기 위해, 자신의 잠재력을 증진시키기 위해, 무기력한 상황에서 일어서기 위해, 스스로가 삶을 주도하는 것을 '역량 강화Self-Empowerment'라고 한다. 말 그대로 나의 생활이 다른 사람이나 상황에 이끌려가는 것이 아니라 스스로 의욕을 불어넣고 자신이 믿고 원하는 바를 따라 자기통제력으로 사는 것을 뜻한다. 우리는 은연중에 삶의 권한을 다른 사람에게 내주거나 처한 상황에 맡겨버리곤 한다. 아프니까 아픈 상황에 따라가고, 식구들이 있으니까 식구들에게 맞춰주고, 직장이 바쁘니 다른 생활이 어렵고 등 '~하니 ~할 수밖에'라고 생각하는 것이다. 자신에게 권한을 부여한다는 것은 '~상태지만 ~해보련다'와 같은 생각이다. 다른 사람이나 상황의 수동적인 팔로워가 아닌 주도적인 책임자가 되는 것이다.

임상사회복지사 마이클 셔노프의 표현을 빌리면, 역량 강화는 자신의 삶에 대한 전문가가 되는 것이다.

92세 아버지의 행복 심리학

무엇이 필요한지, 무엇이 부족한지를 판단하고, 어떤 해결책을 처방할까 고민하는 것이다.[19] 아버지는 가족과 의사의 걱정으로 가득한 잔소리를 미소로 받으며 자신이 믿는 건강 철학에 따라 커피와 술을 '좋은 약'으로 처방하고, 90대 노인의 수준보다 훨씬 높은 수위의 운동 매뉴얼을 실천한다. 나만을 위한 매뉴얼이 있다면 훨씬 단순하고 명쾌하게 살아갈 수 있다. 매뉴얼대로 살기 때문에 쉽고 항상 답이 있으며, 다른 사람들의 기대나 요구로부터 자유롭고, 상황에 따라 흔들리지 않으며, 소신대로 살아갈 수 있다. 다만 아버지처럼 술을 약으로 처방한다면 자신에게 무엇이 해가 되고 득이 되는지를 파악하는 과정이 반드시 필요하다.

이토록 멋진 개념을 가진 역량 강화가 쉽지 않은 데는 몇 가지 이유가 있다. 우선, 자신이 삶에 대한 권한과 힘을 가졌다는 사실을 모르거나 진지하게 생각해보지 않는다. 결혼하면 배우자를 따라 사는 게 맞고, 돈이 없으면 돈 없는 사람처럼 사는 게 당연하고, 몸이 아프면 환자로 생활하고, 독특한 자아의 소유자가 아닌 한 평범한 삶이 자연스럽다고 생각한다. 자신에게 '다르게' 또는 '고유하게' 살 수 있는 권한과 힘이 있다는 사실을 잊고 산다. 두 번째는 삶에 권한을 갖는다는 것이 무엇인지 '감'을 잡기가 어렵다. 대세를 잘 따라가는 것, 남들에게 잘 맞추는 것, 기본에서 어긋나지 않는 것을 정답이라 생각하면 자신이 원하고 믿는 바에 대한 발견과 확신이 어렵다. 또 한 가지는 나만의 길을 가다가 자기중심적이거나 유별난 사람으로 비춰지면 어쩌나 실패하면 창피하지 않을까 하는 소심함 때문이다. '좀 그러면 어떠랴, 인생은 길지 않은가' 하는 배짱이나 '잘 안 되어도 어쩌랴' 하는 위험 감수쯤은 필요하지 않을까. 또한 자기주도적인 삶을 살려면 주변의 지지와 응원이 필요하다. 굳건한 믿음과 긍정적인 시선으로 바라보는 사람들의 존재 여부는 큰 차이를 만든다.

삶에 에너지와 의욕을 불어넣는 것, 그것이 배드민턴 채를 잡는 것이든, 나를 위해 작은 투자를 하는 것이든, 생각만 하던 취미 활동을 시작하는 것이든, 모두 정당한 나의 권한이자 책임이다. 역량 강화의 반대말도 있다. 역량 상실이다. 나의 권한과 역량을 포기하거나 다른 사람에게 양도하는 것이다. 누군가 알아서 나의 역량을 강화시키고 그에 따라 삶을 잘 디자인해주면 얼마나 좋을까 싶지만 결국 나의 몫이다. 역량을 강화하든 상실하

92세 아버지의 행복 심리학

든 인생은 흘러가기 마련이다. 이왕이면 자신의 삶에 활기를 불어넣으면 더 신나고 후회하지 않을 것이다. 어려운 숙제지만 삶의 전체가 걸린 도전이다.

극복의 힘

아버지는 지난 2년간 세 번의 부활을 경험했다. 죽음의 위기에서 세 번이나 살아난 것이다. 첫 번째는 심한 하혈로, 두 번째와 세 번째는 고열과 호흡곤란으로 구급차에 실려가 응급수술을 받았다. 세 번 모두 의식과 호흡의 불안정으로 사경을 헤맸으나 잘 물리치고 큰 고비를 넘겼다. 집으로 돌아온 아버지는 언제 죽음의 순간을 경험했었나 싶을 정도로 평소와 다름없는 일상을 보내고 있다. 얼마 전 세 번째로 마주한 응급상황에서 동생은 두 번의 부활 경력자인 아버지의 세 번째 부활을 예언하며 마음

92세 아버지의 행복 심리학

을 다잡았다. 미련 없이 세상을 떠나는 어르신도 많지만 종종 한두 번의 부활을 경험하는 분들이 있다. 급박하게 삶과 죽음을 오가지만 의학의 도움으로, 가족의 정성으로, 또는 본인의 의지나 알 수 없는 힘으로 다시 삶으로 돌아온다.

　죽음과는 차원이 다르지만 살다 보면 삶의 밑바닥까지 내려갈 때가 있다. 경제적인 몰락, 사업 실패, 질병과 투병, 사고, 이별, 가족의 죽음과 같이 예기치 못한 삶의 변화와 스트레스 상황으로 힘든 시간을 보내는 사람들이 많다. 이유와 사정은 저마다 다르고, 그 시간에 겪어야 하는 고통과 좌절, 두려움의 크기는 어떤 말로도 설명하기 어렵다. 아버지의 40대는 병으로 인한 사직, 무직과 투병, 공황장애와 칩거 때문에 인생의 나락으로 떨어졌다 일어서는 시간의 연속이었다. 지금은 생각도 나지 않는다며 웃고 말지만 바닥을 치고 올라오기를 반복했던 아버지의 중년이 녹록하지 않았으리라. 비단 아버지뿐일까, 가족을 먹이고 공부시키는 것에 목숨을 걸었던 그 시대의 부모님들은 넘어졌다 일어서는 오뚝이 인생, 용수철처럼 눌러도 금세 튀어 오르는 끈질긴 삶의 주인공들이었다.

심리학에서는 용수철처럼 누를수록 튀어 오르는 힘, 오뚝이처럼 건드려도 뒤뚱거리며 평형을 찾는 힘을 '극복력Resilience'이라고 한다. 실패와 좌절에 오래 머무르지 않고 가던 길, 때로는 그것을 계기로 새로운 길을 꿋꿋하게 가는 능력을 의미한다. 누구나 극복력이 필요한 때가 있다. 나는 의료 시설이 낙후한 외국에서 발병한 질병, 해외 발령으로 인한 삶의 변화와 직장 상실, 입시를 앞두었던 자녀의 투병 등이 인생 최대의 위기였다. 잘 이겨낸 적도 있지만 감당하지 못해 오랜 후유증을 겪은 적도 있다.

인생의 밑바닥은 사람마다 깊이와 이유가 다르고 극복하는 모습과 능력에도 차이가 있다. 사람마다 불행한 일이나 역경에 부여하는 의미가 다르고 적응(부적응)하는 방법과 일어서는(일어서지 못하는) 노하우에 많은 변수가 있기 때문이다. 저 정도면 심한 바닥인데 막상 당사자는 끄떡없이 의연한 반면, 그렇게까지 바닥은 아닌 것 같은데 오랜 시간 헤매고 침체되는 경우도 있다. 극복력에 관한 연구에서는 빈곤, 심각한 장애를 가진 부모, 대참사나 열악한 가정환경 아래에서도 비뚤어지지 않고 건강하게 자라는 청소년들에게서 공통점을 찾았다. 낙천

92세 아버지의 행복 심리학

적이고 융통성 있는 성향, 사람을 신뢰하고 대화하는 능력, 친척과 주변인의 지지와 격려, 긍정적으로 상황을 바라보는 태도가 아이들을 지켜주는 요인이었다. 아이들뿐 아니라 우리 모두에게는 각기 다른 극복력의 잠재 요소가 있으며 기회가 생길 때마다 그것을 연습하고 개발해야 한다.

그런데 극복을 어렵게 만드는 것들이 있다. 우선, 어려운 일을 만나면 '왜 나한테?'라고 생각하는 것이다. 주변은 잘 굴러가는데 하필이면 내가 불행의 주인공이되었다는 사실이 불공평하고 우울하고 화가 난다. "왜"라는 질문에 집착해서 그에 파생되는 자기 연민과 현실 부정, 불행에 과도하게 빠지면 극복에 방해가 된다. 인생이란 본질적으로 불공평하며 고통과 문제의 연속이라는 사실을 일찌감치 깨달을수록 현실 수용이 쉬워진다. 그리고 자신이 피해자, 희생자라는 생각에서 빨리 벗어나야 한다. 나라고 예외가 될 수 없다는 사실을 인정하면 극복의 길이 보이기 시작한다.

두 번째는 역경이나 실패를 바라보는 경직된 눈이다. 부정적인 것, 좋지 않은 것, 화나는 것에만 집중하면 상황 속에 숨어 있는 극복과 희망의 끈을 놓치게 된다. 상황을 좀 더 객관적이고 냉철하게 보기 위해서는 지인들과의 대화가 도움이 된다. 자신이 쓴 부정적인 렌즈 때문에 보지 못하던 것들을 발견할 수 있다. 죽음이 아닌 이상 어떤 상황도 인생의 끝은 아니다. 현재는 터널 한가운데 있지만 걷다 보면 터널은 어느새 끝난다.

세 번째는 변화에 대한 심리적 저항이다. 우리는 변화에 취약하다. 무엇인가 달라졌다는 사실, 사라지고 없다는 사실, 앞으로 달라져야 한다는 사실은 두렵고 겁이 난다. 변화의 손을 덜컥 잡지 못하는 큰 이유는, 이전에 대한 미련과 아쉬움 때문이다. 미련을 갖고 있으면 이전의 상태가 더 이상적으로 보이고 돌아가고 싶다는 생각을 떨치기 어렵다. 때로 변화는 선택이 아니라 필수다. 싫지만, 무섭지만, 부담되지만, 가야 할 길이기에 가는 것이다.

아버지의 노화와 투병 과정을 지켜보면 아버지만의 적응과 극복 노하우들이 있다. 갑작스러운 수술 상황에서, 넘어져 다친 상황에서, 설사가 계속되는 상황에서, 걱정하는 가족을 향해 시원하게 던지는 단골 멘트는 "이것도 연습이다"이다. 난처한 상황을 '연습'하는 기회라고 생각하면 익숙해지고 개선의 가능성이 생긴다. 오래전

92세 아버지의 행복 심리학

직장에서 힘들고 우울해할 때 직장 상사가 "가장 힘든 날은 배우는 날"이라고 한 적이 있다. 지금의 힘든 시간이 연습하는 시간이고 가장 많이 배우는 시간이라고 믿으면 위로가 되고 희망을 갖게 된다.

아버지의 또 다른 노하우는 불편하고 어려운 상황에서도 자신을 관리하고 즐거움을 유지하려고 애쓰는 것이다. 몸 상태가 좋지 않아도 커피와 저녁 반주를 거르지 않고, 입원 중에도 병원 밥을 즐기고, 누워 있어야 하는 상황에서도 라디오에 심취하여 즐거운 기분을 잃지 않는다. 그리고 아주 힘든 상태가 아니라면 자신이 만든 매뉴얼에 따라 규칙적이고 부지런히 일상을 유지하려 노력한다. 무기력하고 우울해지기 쉬운 상황에서도 자신의 일상과 즐거움을 놓치지 않는 것은 극복 엔진을 가동시키는 윤활유 역할을 한다.

아버지의 가장 멋진 노하우는 "다 잘될 것이다. 노 워리즈!"다. 이런저런 문제들로 걱정과 염려의 빛을 보이면 아버지는 별 조언 없이 잘될 거라고 말한다. 근거 없는 위로가 아닌 진심 어린 믿음으로 다가온다. 사실 할 수 있는 것이 많지 않은 상황에서는 잘될 거라고 믿는 일이 가장 쉽다. 희망을 갖는 것, 믿고 확신하는 것이야말로 자신에게 해줄 수 있는 가장 큰 위로와 격려다.

불확실한 인생에서 가장 확실한 것은 누구도 고통과 역경에서 자유로울 수 없다는 것이다. 또 하나 확실한 것은 인생은 업과 다운의 연속이라 바닥으로 떨어졌다 올라가기를 반복하지만, 우리에게는 적응하고 극복할 수 있는 잠재력이 있다는 사실이다. 작고 큰 위기와 스트레스 상황에 부딪히며 힘이 붙고 유연성이 생기는 것처럼 극복력은 점점 단단해진다. 그것이 극복력의 신비다. 자신만의 취약한 면, 강한 면, 자신을 격려하고 믿어주는 사람들을 발견하면서 극복력을 길러가는 것이야말로 긴 인생의 길목에서 튀어나오는 어려움에 맞서는 능력이다. 오뚝이처럼 비틀거리면서도 기어이 똑바로 서는 존재, 바로 우리가 아닌가.

92세 아버지의 행복 심리학

아버지는 늘 그 자리에

아흔이 넘어가는 아버지를 바라보며 가끔은 신기하기도 했다. 건강했던 친척, 친구들이 거의 다 세상을 떠나고 오히려 오랜 세월 건강과 씨름해온 '약골' 아버지만이 생존해 있으니 말이다. 40대 중반부터 시작한 꾸준한 자기 관리와 생활습관이 건강한 삶과 장수로 이어질 줄 아무도 예상하지 못했다. 자다가 세상을 뜨면 좋겠지만 그것은 드문 일이기에, 딱 2주만 아프고 죽으면 좋겠다던 아버지는 93세가 되던 해 정말로 2주 입원하고 세상과 이별했다.

아버지는 임종 무렵을 제외하고는 항상 퇴원을 앞둔 사람처럼 지냈다. 회진 오는 의사에게 운동하면 안 되냐고, 식사하고 싶다고, 커피를 마시면 안 되냐고 묻는 등 심심하고 무력한 입원 생활을 힘들어했다. 특별한 고통이 없었던 아버지는(진통제 효과였던 것 같다) 인생 드라마 〈제빵왕 김탁구〉를 보고, 주렁주렁 복잡한 링거 줄을 달고 병원 마당에 산책을 나가고, 가족들을 만나며 지냈다. 임종을 앞둔 고통과 두려움, 비장함과 심각함, 슬픔과 아쉬움 대신 지금 이 순간(그것이 마지막 순간이라 하더라도)을 평소처럼 지내고 싶어 했다. 아버지가 자신의 죽음을 예상했는지 아니면 회복을 기대했는지 알 길이 없다. 간호하는 가족들은 드라마를 다운받고 휠체어를 끌며 평소처럼 보살필 뿐이었다.

아버지의 죽음은 생명이 사라져가는 고통을 수반하기에 아프지만 삶을 마무리하는 시간, 완성하는 시간이기도 했다. 인생의 마지막 페이지를 아버지 방식대로 쓸 수 있도록 힘이 되고 싶었다. 새벽 두 시, 산책을 가겠냐고 물으니 아버지는 흔쾌히 고개를 끄덕였다. 병원 현관에 나가 내리는 눈을 바라보며 별말 없이 긴 시간을 함께했다. 아버지를 보내고 내게 남아 있는 삶을, 이왕이면 잘 살아야겠다고 다시 다짐했다. 남은 사람의 몫은 자신에게 주어진 삶을 열심히 살아내는 것이다. 그것이 아버지가 바라는 바이기도 하다. 자신이 죽으면 내가 제일 많이 울

92세 아버지의 행복 심리학

것 같다는 아버지의 염려와 달리 나는 이별과 슬픔에 과하게 젖지 않았다. 아버지와 적지 않은 시간을 보내면서 추억과 그리움이라는 감정을 선물받았기 때문이다. 우울한 날, 자식에게 섭섭한 날, 일상에 지친 날, 문득 아버지를 떠올린다. 그리움 속의 아버지는 한결같다.

"나는 오케이, 너도 오케이, 우리는 오케이!"

아버지가 자고 먹고 TV를 보고 외출하는 모습이 재미있어 보여 관찰일기 비슷하게 글을 쓰기 시작했다. 그리고 심리학이라는 살을 붙여보았다. 아버지의 생활습관과 단순 유쾌한 라이프 스타일에서, 심리학에서 말하는 행복과 건강의 비결, 통찰, 재치 등을 찾아낼 수 있었다. 사람에 따라 클래식보다 대중음악이 더 마음에 닿는 것처럼 심리학 이론과 개념을 쉽고 편하게 설명하고 싶었다. 우리의 삶과 연관하여 '그럴 때는 이렇게 하면 되지 않을까'라고 답을 찾고 싶었다. 물론 아버지에게서 찾은 것들이 정답은 아닐 수도 있다. 하지만 심리학에서 말하는 것처럼 살아내는 사람들에게서 느껴지는 진실됨과 노력, 즐거움이야말로 더 소중한 답이 됨을 발견할 수 있었다.

이 책에는 '지금 여기'의 삶을 너무 힘들지 않게 보

냈으면 하는 아버지의 메시지가 담겨 있다. 과거에 붙잡혀, 미래의 걱정에 사로잡혀, 또는 만족스럽지 못한 현재로 인해 우리는 쉽게 우울해지고 자신감을 잃어버린다. 내가 존재하는 '지금, 여기'를 절대 놓칠 수 없는 시간이라고 생각하면 삶은 보다 쉽고 즐거워진다. 취업이 될 때까지, 자격증을 딸 때까지, 어느 정도의 돈이 생길 때까지 등등 이유를 들며 나에게 주어진 많은 것들(가족, 친구, 건강, 공짜인 것들, 취미, 재능, 끼)을 보류하고 참지 말라고 조언한다. 욕심내지 않고, 성취에 매이지 않고, 자신의 삶을 혹사하지 않으며 사는 게 중요하다는 얘기다.

또한 나쁜 일도 시간이 지나면 그렇게 안 좋은 일이 아니었다는 생생한 체험과 낙관주의, 긍정적인 생각, 오케이의 중요성을 강조한다. 할 수 있는 것이 많지 않은 상황에서, 기댈 곳이 없는 상태에서, 모든 것이 불확실할 때 우리가 할 수 있는 최선은 잘될 거라고 믿는 일이다. 낙관주의는 생각보다 힘이 세다. 누군가 실패와 좌절로 힘든 시간을 보낸다면 아버지는 "다 잘될 것이다, 노 워리즈!"라고 어깨를 툭툭 치며 위로할 것이다. 인생의 대선배가 잘될 것이라고 하는 데는 그만한 확신이 있기 때문이다.

한편 현재의 삶이 만족스럽지 못해 불쑥불쑥 자괴

92세 아버지의 행복 심리학

감과 불행을 느낀다면 아버지는 자족의 힘을 이야기할 것이다. 지금 있는 상황과 상태를 받아들이고 좋은 생각을 품고 기다릴 줄 아는 사람, 잘해보려고 애쓰는 사람에게는 항상 다음 기회가 찾아올 거라고 예언하며 이왕이면 품격 있는 삶을 살라고 말한다. 고맙다고 말하고, 누군가를 위해 돈과 마음을 들여 선물하고, 주변에 작은 배려와 친절을 베풀고, 힘들어하는 사람을 위해 마음을 쓰면, 우리 삶에는 품격과 향기가 따라온다는 것이다. 또 제대로 갖춰 입고 가끔 좋은 물건을 사면서 외모에도 신경 쓰라고 권한다. 자신의 겉모습을 갖추어 괜찮은 모습을 보여주는 것도 인생의 즐거움이기 때문이다.

아버지의 일상과 심리학을 연결해보고 긍정과 행복의 프레임으로 바라보면서 최대한 마음에 와닿게 써보려고 노력했다. 오랜 시간 해외에 거주하며 썼던 탓에 외국 심리 관련 사이트 글들을 많이 참조했다. 직접 인용한 글도 있고, 읽으면서 발견한 정보와 영감을 나의 표현으로 기술한 것도 많다. '브런치'에 글을 연재하며 독자들과 만나기도 했다. 그 덕에 상도 받고 출판할 용기까지 얻었다. 형제들, 친구의 진심 어린 응원과 글이 올라갈 때마다 으뜸 독자가 되어준 남편과 딸들에게 고마움을 전한다. 무엇보다 글의 일부를 읽고 결정적인 코멘트를 해준 아버지와 그의 짝꿍 어머니가 준 사랑과 격려에 깊은 감사를 드린다.

아버지는 늘 그 자리에 있다. 나를 비롯한 인생의 후배들이 힘들고 헤매고 묻고 싶을 때 슬그머니 찾아와 답을 줘어준다. 정답이 아니라도 참고가 되고 위로가 되고 용기가 되길 바라면서. 어떤 시간이든 끝이 있다. 너무 가볍지도 무겁지도 않게 받아들이되 지금 여기 주어진 시간의 소중함과 즐거움을 놓치지 않길 바란다. 미래는 어떤 식이든 풀리는 법이니 너무 걱정하지 않기를. 무엇보다 인간관계는 인내와 관대가 만병통치약임을 잊지 않기를.

93세를 살아보니 인생은 행과 불행, 성공과 실패, 슬픔과 기쁨이 교차되는 복잡하고 예기치 못한 일들의 연속이었다. 사는 것은 쉽지 않았으나 그렇다고 어려운 것도, 힘든 것도 아니었다. 일찌감치 건강에 힘쓰고 즐겁게 살려고 했더니 90이 넘어서까지 살게 되었다.

자, 오른손을 들고.

"I am OK, You are OK, We are OK!"

1 www.medium.com, "The Beauty of Simplicity" 참고

2 www.successconsciousness.com, "Self-Acceptance-What Is It?" 참고

3 www.psychologytoday.com, "Dependent Personality Disorder" 참고

4 www.psychologytoday.com, "Self-Sufficiency: An Essential Aspect of Well-Being" 참고

5 www.lonerwolf.com, "11 Tell-tale Signs That You're a Self-Inflicted Victim" 참고

6 www.freefromsocialanxiety.com, "9 Signs of an Inferiority Complex And 9 Tips To Overcome It" / www.psychologenie.com, "Think You Have an Inferiority Complex? Here's a List of Symptoms" 참고

7 마틴 셀리그만 지음, 김인자·우문식 옮김, 《마틴 셀리그만의 긍정심리학》, 물푸레, 2016.

8 www.psychologytoday.com, "Let It Go!" 참고

9 www.simplemindfulness.com, "Why Letting Go Is So Hard and What To Do About It" 참고

10 www.marcandangel.com, "9 Ways to Find Peace of Mind in Tough Times" 참고

11 www.huffpost.com, "The Power of Thank You" 참고

12 www.forbes.com, "How an Authentic 'Thank You' Can Change Your Workplace Culture" 참고

13 www.psychologytoday.com, "The Power of Patience" 참고

14 www.psychologytoday.com, "Self Direction or Self Destruction?" 참고

15 www.happierhuman.com, "31 Benefits of Gratitude : The Ultimate Science-Based Guide" 참고

16 www.jobmonkey.com, "13 Important Reasons To Try New Things" 참고

17 www.verywellmind.com, "Perfectionist Traits : Do These Sound Familiar?" 참고

18 www.personalexcellence.co "How to Overcome Perfectionism: Your Complete Guide" 참고

19 www.thebody.com, "What Is Self-Empowerment?" 참고

92세 아버지의
행복 심리학

ⓒ 이숙영, 2019

초판 1쇄 발행 2019년 10월 30일
초판 2쇄 발행 2020년 11월 10일

지은이 이숙영
펴낸이 이상훈
편집인 김수영
본부장 정진항
편집2팀 이윤주 김단희 김진주
디자인 여만엽
마케팅 천용호 조재성 박신영 조은별 노유리
경영지원 정혜진 이송이

펴낸곳 한겨레출판(주) www.hanibook.co.kr
등록 2006년 1월 4일 제313-2006-00003호
주소 서울시 마포구 창전로 70(신수동) 화수목빌딩 5층
전화 02-6383-1602~3 **팩스** 02-6383-1610
대표메일 happylife@hanibook.co.kr

ISBN 979-11-6040-313-8 03180